Zypern

Klaus Bötig

► Dieses Symbol im Buch verweist auf den großen Faltplan!

DUMONT
direkt

Kalós Oríssate – Willkommen

Unterwegs auf Zypern

Zypern 15 x direkt erleben

Kalós Oríssate –
Willkommen
Mein heimliches Wahrzeichen

Zyperns gute Strände sind für viele Urlauber der Hauptgrund, auf die östlichste Insel des Mittelmeers zu fliegen. Überrascht stellen die meisten dann aber fest, dass Zypern auch die waldreichste mediterrane Insel ist. Die beiden Inselgebirge laden zu vielerlei Naturaktivitäten ein, zu langen Wanderungen und Mountainbiketouren ebenso wie zum geruhsamen Dorfurlaub in ländlichen Unterkünften, zu Klosterbesuchen und im Winter sogar zum Skifahren.

Erste Orientierung

Geteilte Insel

Zypern ist seit 1974 eine geteilte Insel. Die Südhälfte und den Westen nimmt die griechischsprachige Republik Zypern ein. Dieses **Südzypern** macht etwa zwei Drittel der gesamten Inselfläche aus. Das übrige Drittel entfällt auf **Nordzypern,** das sich selbst als Türkische Republik Nordzypern bezeichnet, international aber nur von der Türkei anerkannt wird. Zyprer, EU-Bürger und Schweizer können sich auf der ganzen Insel frei bewegen, müssen für den Grenzübertritt aber einen der sieben offiziellen Checkpoints benutzen.

Lárnaka und Ayía Nápa

Der Flughafen von **Lárnaka** (▶ J 7) ist der bedeutendste der Insel. Hier landen viele Urlauber, die nach Nordzypern wollen, vor allem aber kommen hier die Gäste an, die einen Urlaub im äußersten Südosten gebucht haben. Lárnaka ist Zyperns drittgrößte Stadt und besitzt direkt vor der Altstadt einen breiten Sandstrand. Einige Hotels liegen in der Stadt, ausgesprochene Badehotels stehen an den Stränden am westlichen und östlichen Stadtrand – im Westen leider häufig mit Blick auf Kraftwerk und große Benzinlagertanks, im Osten in Flughafennähe.

Östlich von Lárnaka liegen **Ayía Nápa** (▶ L/M 7), **Protarás** (▶ M6) und **Paralímni** (▶ L 6), drei Küstenorte aus der Retorte an den schönsten Sandstränden Südzyperns. Ayía Nápa ist zudem im Hochsommer die Disko-Metropole Zyperns. Das Hinterland ist flach und eher eintönig. Wer viel von der Insel sehen will, muss von hier aus die weitesten Wege zurücklegen.

Páfos und der Westen

Bei **Páfos** (▶ B 8) liegt der zweite Flughafen Südzyperns. Das Städtchen und sein Vorort **Geroskípou** (▶ B 8) haben sich erst in den 1980er-Jahren dem Tourismus geöffnet, die Hotels sind relativ gut in die Landschaft eingepasst. In die Stadt eingestreut findet man viele historische Monumente, das Hinterland ist hügelig-lieblich. Kleine Sandstrände sind an mehreren Abschnitten im Stadtbereich zu finden, aber weniger attraktiv als im Südosten Zyperns. Nördlich von Páfos liegt das kleine Städtchen **Pólis** (▶ B 6), ein Hort des Individualtourismus. Hier findet man am ehesten die Atmosphäre, die man vielleicht von den griechischen Inseln her kennt. Die Strände östlich von Polis bis zur Grenze sind mit die den am wenigsten besuchten auf Zypern überhaupt.

Checkpoints …

… heißen die Übergänge zwischen Nord- und Südzypern, an denen man völlig problemlos die Grenze passieren kann. Für EU-Bürger und Schweizer genügt dafür der Personalausweis. Die beiden Übergänge im Zentrum von Nicosia (Lidra Street und Old Lidra Palace Hotel) sind nur für Fußgänger und Radfahrer zugelassen, die fünf anderen auch für Autofahrer.

Limassol und die Mitte

Im Zentrum der Südküste liegt Zyperns zweitgrößte und modernste Stadt **Limassol** (▶ E 9). Die Altstadt bietet kaum Unterkunftsmöglichkeiten, große Badehotels stehen in den östlichen Vororten zwischen künstlich aufgeschütteten Stränden und vierspuriger Hauptverkehrsstraße. Einen Badeurlaub kann man anderswo besser verbringen. Dafür punktet Limassol mit seiner zentralen Lage, maritimer Atmosphäre und einem großen Nightlife-Angebot. Ruhige Badeurlaubsziele in der Nähe sind **Pissoúri** (▶ C 9) im Westen und **Governor's Beach** (▶ G 9) im Osten.

Nicosia und Tróodos-Gebirge

Zyperns geteilte Hauptstadt **Nicosia** (▶ G/H 5) besuchen die meisten Urlauber nur im Rahmen eines Tagesausflugs. Individualreisende sollten ihr aber zwei Tage widmen, denn hier stehen die interessantesten Museen der Insel, ist das Alltagsleben am wenigsten vom Tourismus geprägt. Zudem sind die Folgen der Teilung in Nicosia besonders hautnah zu erleben. Zwischen Nicosia und der Südküste dehnt sich das bis zu fast 2000 m hohe **Tróodos-Gebirge** (▶ D/E 7) mit nahezu unzähligen Hügelkuppen und grünen Tälern, Wäldern und Weinbergen aus. Alte Klöster und einzigartige Scheunendachkirchen sind kunsthistorische Schätze, in vielen Dörfern können Rundreisende auch übernachten.

Der türkischsprachige Norden

Nordzyperns Landschaft wird vom fast 1000 m hohen, alpin wirkenden **Kyrénia- oder Pentadaktylos-Gebirge** geprägt, das sich auf über 100 km entlang der Nordküste erstreckt. Im Osten läuft es in der noch am wenigsten verbauten Landschaft ganz Zyperns, der Karpass-Halbinsel, mit ihren grandiosen Dünenstränden aus. Die beiden größten Küstenstädte, **Kyrenia** (▶ G 4) mit seinem Bilderbuchhafen und **Famagusta** (▶ L 6) mit den weitläufigen Ruinen der antiken Stadt Sálamis, sind die einzig bedeutenden Urlaubsregionen. Hauptattraktionen sind neben der abwechslungsreichen Landschaft Kreuzritterburgen, mittelalterliche Kirchen und eine gotische Abteiruine, das Preisniveau ist etwas niedriger als im Süden.

Protarás – Zyperns wunderbare Sandstrände sind sehr beliebt

Schlaglichter und Impressionen

Reiches Zypern

Zypern ist eine wohlhabende Insel. Das bemerkt der Reisende schon bei der Ankunft. Die beiden Flughafen-Terminals von Páfos und Lárnaka sind nagelneu (Eröffnung 2008 und 2009), die Transferbusse steuern ihre Ziele im Süden über gut gepflegte Autobahnen und im Norden über vierspurige Schnellstraßen an. Überall entstehen neue Siedlungen, werden Villen und Einfamilienhäuser gebaut: als Zweitwohnungen für Zyprioten, vor allem aber für Ausländer, die sich zu Tausenden niederlassen. Besonders stark sind dabei Briten und Russen vertreten. Kritiker sehen die Zerstörung der Natur zugunsten von Urbanisationen, die oft äußerst leblos wirken, auch als Ausverkauf des Landes: »Vor 55 Jahren haben wir blutig darum gekämpft, unsere Insel von den Engländern zu befreien – und jetzt verkaufen wir sie parzellenweise an die einstigen Feinde.«

Quellen des Wohlstands

Wein und Johannisbrot spielen für die Wirtschaft der Insel längst keine nennenswerte Rolle mehr. Zypern boomt, seitdem viele ausländische Firmen in den späten 1970er-Jahren wegen des Bürgerkriegs den Libanon verließen, und profitiert zudem seit den 1990er-Jahren von der Auflösung der sozialistischen Staatenwelt. Offshore-Firmen spülen Geld in öffentliche und private Kassen. Südzypern ist zum Standort vieler Banken und Finanzdienstleister, Reeder und Handelsfirmen geworden, die von hier aus die Länder des Vorderen Orients bedienen. Zudem ist Zypern der zweitgrößte ausländische Investor in Russland: Ungezählte Russen haben hier ihr wie auch immer erworbenes Kapital in Firmengründungen investiert, die dann das saubere Geld als ›zypriotische‹ Firma umgehend wieder nach Russland transferierten.

Arbeit für alle

In Hotels und Tavernen, Cafés und Geschäften wird der Urlauber weitaus häufiger von Ausländern bedient als von Zyprioten. Sie kommen aus aller Welt, insbesondere aus Südosteuropa, vom indischen Subkontinent und aus Fernost, und finden auf der Insel problemlos einen Job. Arbeitslose Zyprer gibt es kaum. Nur für die vielen Akademiker, die Zypern in den letzten Jahren hervorgebracht hat, gibt es in der Heimat keine Anstellung mehr. Sie wandern massenhaft aus. In Nordzypern treten zu anderen Ausländern auch viele Festlandstürken. Sie können sich schnell einbürgern lassen und das nordzypriotische Wahlrecht erlangen – ein Grund, warum es wohl kaum zu einer Wiedervereinigung beider Inselteile kommen wird.

Heitere Gelassenheit

Der relative Wohlstand macht es den meisten Zyprioten leicht, eine Grundeigenschaft zu bewahren: *galíni* nennt man sie auf Griechisch, *serenity* auf Englisch – ›heitere Gelassenheit‹ ist wohl die treffende Übersetzung ins Deutsche. Sie wird überall auf der Insel spürbar. Man mag weder Hektik noch Eile, schätzt Gespräche mit Freunden und Fremden, lässt sich beim Kaffeetrinken und Essen viel Zeit. Laute Töne hört man kaum, selbst Gruppen sind bemerkenswert leise. Die zypriotische Gelassenheit wirkt sogar bis in die Politik. Die zurzeit regierende Kommunistische Partei (AKEL), die bei Wahlen in Südzypern fast immer rund ein Drittel der Stimmen erringt, wirkt eher wie eine verschlafene rechte Sozialdemokratie; kommunistische Gewerkschaftsbosse sind stolz darauf, so gut wie nie zum Streik aufrufen zu müssen: Probleme mit den Arbeitgebern schaffen sie telefonisch aus dem Weg.

Benachteiligter Norden

Nordzypern geht es nicht ganz so gut wie dem Süden. Der griechischsprachige Süden postuliert einen Alleinvertretungsanspruch, verhindert den freien Handel Nordzyperns mit dem Rest der Welt. Die landwirtschaftlichen Produkte des Nordens müssen über Südzypern oder die Türkei exportiert werden, Non-Stop-Verbindungen im Flugverkehr gibt es nur mit der Türkei. Alle anderen Maschinen müssen in der Türkei zwischenlanden, bevor sie nach Nordzypern weiterfliegen dürfen.

Den Fortbestand Nordzyperns als ›selbständiger Staat‹ finanziert die Regierung in Ankara, die inzwischen für rund die Hälfte des nordzypriotischen Staatshaushalts aufkommt. Außerdem erhält Nordzypern Gelder von der EU und von den Vereinten Nationen. Internationale Unternehmen sind hier kaum tätig, arabische Brüderlichkeit mit den Moslems Nordzyperns gibt es nicht. Für Deviseneinnahmen sorgen Touristen und die vielen ausländischen Studenten eines Wirtschaftszweigs, den der Süden lange vernachlässigt hat: private Universitäten.

Die alten Tänze sind noch nicht vergessen

UNFICYP

Zu den vielen Ausländern auf der Insel gehören auch die Soldaten und Soldatinnen der Friedenstruppen der Vereinten Nationen, die schon seit 1964 auf Zypern stationiert sind. Sie kontrollieren entlang der Green Line, die Nord und Süd voneinander trennt, eine unterschiedlich breite Pufferzone. Ihre Aufgabe ist es, Konflikte gar nicht erst aufkommen zu lassen und mögliche Spannungen schon im Keim durch Verhandlungen zu ersticken.

Zurzeit sind auf Zypern im Rahmen der United Nations Forces in Cyprus (UNFICYP) etwa 930 Soldaten und Polizisten aus Argentinien, Australien, Bosnien-Herzegowina, El Salvador, Großbritannien, Indien, Irland, Italien, Kroatien, Österreich, der Slowakei, Ungarn und den Niederlanden stationiert. Seit 1964 haben etwa 180 UNFICYP-Mitarbeiter auf Zypern ihr Leben gelassen.

Orthodoxie

Anders als die meisten Ausländer sind alle griechischsprachigen Zyprer orthodoxe Christen. In der orthodoxen Kirche wurden im Gegensatz zur römisch-katholischen schon seit dem 8. Jh. keine neuen Dogmen mehr verkündet. Die wichtigsten Unterschiede: Orthodoxe Christen erkennen die Oberhoheit des Papstes nicht an. Ihre Priester dürfen vor der Priesterweihe heiraten, können dann aber in der Hierarchie nicht mehr aufsteigen und z. B. Bischof werden.

Die Taufe wird in der orthodoxen Kirche durch völliges Untertauchen vollzogen. Die Erstkommunion findet zusammen mit der Taufe statt. Im gleichen Taufwasser Getaufte dürfen einander ebenso wenig kirchlich heiraten wie Paare, bei denen beide den gleichen Taufpaten hatten. Ehescheidungen sind außer für Priester zweimal erlaubt, Feuerbestattungen sind verboten.

Daten und Fakten

Lage: Durch Zypern verläuft der 35. Breitengrad. Zypern liegt damit etwa auf der Höhe von Kreta, Sfax in Tunesien und Nord-Marokko.

Fläche & Einwohner: Die Insel ist 9251 km² groß. 60 % entfallen auf die Republik Zypern, 37 % auf den türkisch besetzten Teil. 3 % stehen als Pufferzone unter Verwaltung der UN. Die gesamte Insel zählt etwa 1 Mio. Einwohner. Etwa 12 % davon sind türkische Zyprioten, die bis auf wenige Dutzend alle im Inselnorden registriert sind. Seit 1974 wurden zudem bis zu 80 000 anatolische Bauern widerrechtlich im Norden angesiedelt, die von keiner offiziellen Statistik erfasst werden.

Minderheiten: Auf Zypern leben schon seit Jahrhunderten christliche Minderheiten von Armeniern und Maroniten. Alle etwa 3000 Armenier sind jetzt im Süden ansässig, ein Teil der etwa 2000 Maroniten auch noch im Nordteil. Die Zahl der ständig auf Zypern stationierten britischen Soldaten wird einschließlich Familienangehöriger auf etwa 20 000 geschätzt, die der in Nordzypern stationierten türkischen Soldaten auf 35 000.

Staatsform: Die Republik Zypern ist eine parlamentarische Demokratie. Im Parlament sind 24 von 80 Sitzen für nordzypriotische Abgeordnete freigehalten, die der Vertretung aber schon seit 1964 fernbleiben. Es gibt drei große Parteien.

Zeit: Ganz Zypern gehört zur Osteuropäischen Zeitzone. Man stellt die Uhr ganzjährig eine Stunde vor, auch im Sommer.

Flaggen-Wirrwarr

Vor staatlichen Gebäuden weht im Süden die 1960 eingeführte zypriotische Nationalflagge, die auf weißem Grund die goldene, tatsächlich kupferne Insel zeigt und darunter zwei Olivenzweige. Das Metall Kupfer wurde seit 3000 v. Chr. auf Zypern verarbeitet. Die beiden Zweige stellen die beiden Volksgruppen auf Zypern dar und sollten ihr friedliches Zusammenleben symbolisieren. Der Entwurf für die Flagge wurde von Erzbischof Makarios bei einem Wettbewerb ausgewählt und stammt von dem Türkisch-Zyprioten Ismet Güney.

Vor Kirchen und Klöstern werden stattdessen die weiß-blaue griechische Nationalflagge und die Flagge des untergegangenen Byzanz gehisst, die auf gelbem Untergrund einen schwarzen doppelköpfigen Adler zeigt. Nordzyperns Flagge ist weiß und zeigt zwischen zwei roten Balken einen roten Halbmond und Stern. Daneben hängt meist die rote Flagge der Türkei mit weißem Halbmond und Stern.

Die blaue europäische Flagge mit den zwölf goldenen Sternen wird auf Zypern erst neuerdings häufiger gehisst. Bisher war sie überwiegend auf Tafeln an Baustellen zu sehen, die darauf aufmerksam machten, dass die EU erhebliche Finanzmittel beisteuerte.

Zeichensprache

Die Zeichensprache spielt im Umgang zwischen Zyprioten eine große Rolle. Ein sanftes, schräg zur Seite hin geneigtes Kopfnicken mit angedeutetem Schmatzmund bedeutet ›Ja, ich glaube schon‹. Legt jemand sanft den Kopf in den Nacken und zieht dabei mit halb geschlossenen Augen die Stirn nach oben, ist das ein wortloses ›Nein‹. Beim Zählen mit den Fingern beginnt man nicht mit dem Daumen, sondern mit dem Zeigefinger, der Daumen wird erst für die Fünf gebraucht. Und sagt ein Zypriote »nä«, dann heißt das ›ja‹.

Stiefkind Umwelt

›Ja zum Umweltschutz‹ sagen bisher die wenigsten Zyprioten. Eine nennenswerte ökologische Bewegung gibt es nicht, Grüne im Parlament sind bisher kaum denkbar. Ein kritisches Umweltbewusstsein geht den Insulanern weitgehend ab. Solarenergie wird fast ausschließlich zur Warmwasserbereitung genutzt, der erste Windenergiepark wurde erst 2010 in Betrieb genommen, ein zweiter ist für 2011 geplant. Die Elektrizitätswerke verbrennen Öl, ein

Zypriotische Nationalflagge

Teil des Trinkwasserbedarfs wird aus energieaufwendigen Meerwasserentsalzungsanlagen gewonnen. Mülltrennung wird bisher nur in Nicosia und Limassol praktiziert. Um den Tierschutz kümmern sich hauptsächlich auf der Insel ansässige Briten. Auch sonst tragen vor allem Ausländer zum Umweltschutz bei: Der jährliche Aufruf zur ›Frühjahrsreinigung‹ in der Altstadt von Nicosia erscheint auf Griechisch, Englisch, Russisch, Singhalesisch und Arabisch.

Zypern, Cyprus, Kýpros

Die Insel hat viele Namen. Die Griechen nennen sie Kýpros, die Türken Kıbrıs. Auf Englisch heißt sie Cyprus, auf Deutsch schreibt man ihren Namen auch Cypern.

Geschichte, Gegenwart, Zukunft

Frühgeschichte (7000–1050 v. Chr.)

Die ältesten Spuren menschlicher Besiedlung sind steinerne Rundhütten in Siedlungen wie Choirokoítia, die bis in die Zeit um 7000 v. Chr. zurückreichen. Bereits seit etwa 3500 v. Chr. wird auf Zypern Kupfer abgebaut und verarbeitet, etwa seit 2300 v. Chr. kann man Bronze herstellen und exportiert Kupfer in großen Mengen nach Griechenland und in die Levante. Der Wohlstand wächst, verschiedene Stadtkönigreiche entstehen. Ab etwa 1200 v. Chr. gelangen diese durch die Einwanderung griechischer Achäer unter hellenischen Einfluss.

Antike (1050 v. Chr.–395 n. Chr.)

Ab etwa 1050 v. Chr. gründen Phöniker Handelsniederlassungen und Kolonien auf der Insel. Die Stadtkönigreiche geraten immer wieder unter fremde Vorherrschaft, insbesondere Assyriens, Persiens und Ägyptens, und verstricken sich in permanente Kleinkriege untereinander. Ein geeintes Zypern entsteht erstmals um 310 v. Chr. in der Epoche des Hellenismus, als die ägyptischen Ptolemäer die gesamte Insel ihrem Reich einverleiben. 58 v. Chr. wird sie dann von Rom annektiert; Koúrion an der Südküste wird nun zur Hauptstadt der Insel.

Byzantinische Zeit (395–1191)

Seit der sogenannten Teilung des Römischen Reichs im Jahr 395 gehört Zypern zu dem von Konstantinopel (Byzanz) regierten Oströmischen oder Byzantinischen Reich. In dieser Zeit wird die Kultur der Insel durch die orthodoxe Kirche nachhaltig geprägt.

Fränkische Zeit (1191–1570)

1191 erobert der englische König Richard Löwenherz die Insel; ein Jahr später erwirbt sie der aquitanische Kreuzritter Guy de Lusignan, dessen Nachfolger zum König von Zypern gekrönt wird. Unter der Herrschaft der Franken ist die Insel strategischer Stützpunkt für die Kreuzzüge, zuletzt als Rückzugsquartier, etwa der Johanniterritter, die 1291–1308 in Limassol residieren und danach noch Ländereien um Kolóssi behalten. 1489 fällt Zypern durch Heirat an Venedig.

Türkische Herrschaft (1571–1878)

1570/71 erobern die Osmanen Zypern. Türken werden auf der Insel angesiedelt. 1878 muss der Sultan Zypern gegen Zahlung einer jährlichen Pacht Großbritannien überlassen.

Britische Herrschaft (1878–1960)

Als das Osmanische Reich auf Seiten der Achsenmächte in den Ersten Weltkrieg eintritt, annektiert Großbritannien die Insel und erkärt sie später zur Kronkolonie. 1955 erhebt sich die griechisch-zypriotische Bevölkerung gegen die Kolonialherren; General Grívas ist der militärische, Erzbischof Makarios III. der politische Führer des Aufstands. Die griechische Volksgruppe verlangt die ›Enosis‹, den Anschluss an Griechenland. Dennoch einigen sich Großbritannien, Griechenland und die Türkei darauf, Zypern 1960 zum unabhängigen

Staat zu erklären, dessen erster Präsident Makarios III. wird.

Unabhängigkeit (seit 1960)

Bereits im Dezember 1963 kommt es zu Kämpfen zwischen griechischen und türkischen Zyprioten. 1964 werden erstmals UN-Friedenstruppen nach Zypern entsandt, die Altstadt Nicosias wird geteilt. Als die seit 1967 in Athen herrschenden Obristen 1974 einen Putsch gegen Staatspräsident Makarios anzetteln und damit die Balance der Volksgruppen bedroht ist, greift die Türkei ein und besetzt 37 % der Inselfläche. Durch den Tod von Makarios 1977 und die Proklamation der ›Türkischen Republik Nordzypern‹ wird die Teilung immer weiter zementiert. Mehrfach scheitern Versuche, unter UN-Vermittlung zu einer Lösung des Zypern-Problems zu kommen.

21. Jahrhundert

2002 erstellt UN-Generalsekretär Kofi Annan einen Plan für eine Wiedervereinigung mit zwei Teilrepubliken, ohne Flüchtlingen ein Recht auf Heimkehr zu garantieren. 2003 öffnet Nordzypern einseitig die Grenze, Zyprioten können sich erstmals seit 1974 wieder frei auf der ganzen Insel bewegen. Im April 2004 wird der mehrfach modifizierte Annan-Plan in getrennten Volksabstimmungen von den türkischen Zyprioten mit nahezu Zweidrittelmehrheit angenommen, von den griechischen Zyprioten aber mit Dreiviertelmehrheit abgelehnt. Daraufhin kann nur Südzypern am 1. Mai 2004 EU-Mitglied werden.

Auf Druck der EU muss Südzypern seitdem allen EU-Bürgern absolute Reisefreiheit auf der ganzen Insel gewähren. Durch die Weigerung der Türkei, die Republik Zypern im Rahmen eines EU-Zollabkommens voll anzuerkennen, gerät die Entwicklung 2006 ins Stocken. Südzypern hält im Gegenzug den internationalen Boykott Nordzyperns aufrecht, der u. a. keine Direktflüge nach Nordzypern zulässt. Seit 1. Januar 2008 ersetzt der Euro im Süden der Insel die Zypriotische Lira als Landeswährung. Im Frühjahr 2010 steuert die Republik Zypern 370 Mio. Euro zum Rettungsplan der EU für Griechenland bei.

Gotische Kathedrale mit Minaretten in Nicosia

Die zypriotische Hotellerie hat ein hohes Niveau. Das Preis-Leistungsverhältnis ist im Vergleich zu den mitteleuropäischen Ländern gut. Die meisten Hotels liegen in den Badeorten, aber auch im Gebirge entstehen zunehmend neue, zumeist kleinere und oft in traditionellen Gebäuden angesiedelte Urlaubsquartiere. Privatzimmer hingegen findet man kaum.

Kategorien

Alle Hotels in Südzypern werden von der CTO (Cyprus Tourism Organisation) klassifiziert. Hotels mit fünf Sternen stellen die höchste Kategorie dar, die niedrigste Kategorie hat keinen Stern. Apartments, Feriendörfer und Ferienvillen sind in die Kategorien A, B und C unterteilt. Pensionen (Guest Houses) sowie Hotels und Apartments in historischen Gebäuden unterliegen nicht der Klassifizierung.

Hotelverzeichnis

Alle Unterkünfte in Südzypern werden im jährlich erscheinenden »Guide to Hotel and other Tourist Establishments« (leider ohne Preisangaben) aufgeführt. Das Büchlein wird von der Fremdenverkehrszentrale und den Büros der CTO in Zypern kostenlos abgegeben.

Preise

Alle Preise enthalten grundsätzlich Bedienungsgeld und Mehrwertsteuer. Zwischen Mitte November und Mitte März gelten Nebensaisonpreise, die häufig um bis zu 40 % abgesenkt sind und durch etwas Feilschen oft noch weiter zu drücken sind. Kinder unter zwölf Jahren wohnen im Zimmer der Eltern häufig kostenlos.

Reservierungen

Zwischen Ostern und Ende Oktober sowie in den Weihnachtsferien ist es für

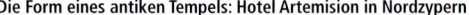

Die Form eines antiken Tempels: Hotel Artemision in Nordzypern

Rundreisende ratsam, das Zimmer für die nächste Nacht spätestens am Vorabend zu reservieren. Zentrale Reservierungsbüros gibt es nicht; man bucht direkt im Hotel.

Traditional Hotels & Houses

Neben den vielen neuen Hotels aller Kategorien gibt es einige **Traditional Hotels** mit 5 bis 25 Zimmern. Hier wohnt man besonders stimmungsvoll in historischen Gebäuden. Zahlreicher sind **Apartments** in historischen Häusern. Die Häuser liegen oft in Berg- und Binnendörfern und bestehen meist nur aus ein bis vier Wohneinheiten.

Freistehende **Ferienhäuser** gibt es nur selten. Die meisten liegen in den Regionen von Kalavasós und Tochní. Der Anbieter dort ist **Cyprus Villages** in Tochní, Tel. 24 33 29 98, Fax 24 33 22 95, www.cyprusvillages.de.

Studios und Apartments

Als **Studios** bezeichnet man Einraum-Apartments mit Küchenzeile und Kühlschrank. **Apartments** sind größer und bieten neben dem Schlafzimmer zumindest auch eine Sitzecke bzw. einen Esstisch und eine gut ausgestattete Küchenzeile. Was in Apartmenthäusern meist fehlt, sind täglicher Handtuchwechsel, eine großzügige Lobby, Bar, Restaurant, Garten und Pool. Bettwäsche und Handtücher werden immer gestellt, Seife und Toilettenpapier muss man bei längerem Aufenthalt eventuell selbst nachkaufen.

Camping, Jugendherbergen

Campingplätze gibt es bei Limassol, Páfos (Coral Bay, Geroskípou), Pólis, Tróodos und am Governor's Beach zwischen Lárnaka und Limassol.

Zyperns **Jugendherbergen** sind klein und nicht komfortabel. Sie stehen allen Inhabern eines Internationalen Ju-

Pauschal oder individuell?
Wer einen entspannten Badeurlaub in einer Ferienanlage oder in einem luxuriösen Komforthotel verbringen will, bucht seine Unterkunft pauschal meist günstiger – erst recht, wenn man ein Last-Minute-Angebot bekommt. Wer jedoch viel von Zypern sehen will, macht sich besser individuell auf die Reise und wechselt während des Urlaubs mehrfach das Quartier. Zypern ist ganz einfach zu groß, um es bei Tagesausflügen von einem festen Standort kennenlernen zu können.

gendherbergsausweises offen, unabhängig vom Alter. Jugendherbergen gibt es in Lárnaka, Nicosia, Páfos, Stavrós tis Psókas und Tróodos. Übernachtung pro Person und Nacht 6–9 €. **Cyprus Youth Hostel Association,** P. O. Box 21328, CY-1506 Nicosia, Cyprus.

In Nordzypern übernachten

Das kostenlose **Hotelverzeichnis** für Nordzypern kann bei der Nordzypern-Information angefordert oder in den Tourist-Informationen in Nordzypern abgeholt werden kann. Die Preise sind darin in Euro angegeben. In Nordzypern sind Hotels in fünf, andere Unterkünfte in drei Kategorien unterteilt. Das Preisniveau ist generell etwas niedriger als im Süden.

Die Hotels konzentrieren sich vor allem auf Kyrenia und Umgebung sowie auf den Strand von Sálamis. Auf der Karpass-Halbinsel gibt es einige kleine Hotels. Jugendherbergen gibt es nicht, Ferienhäuser kaum. Auf der Karpass-Halbinsel ist es auch üblich, bei den Tavernen zu zelten (ca. 10 €/Zelt/Nacht).

An der zypriotischen Küche zeigt sich, dass die Insel im Schnittpunkt verschiedener Kulturen liegt. Griechische, türkische, arabische und englische Einflüsse verbinden sich zu einem eigenen Stil, der durch Kräuterreichtum und Verwendung vieler frischer Zutaten gekennzeichnet ist. Zypern kocht fantasievoll – und immer reichlich.

Üppig: das Frühstück

Anders als in Griechenland fällt in Südzypern das Frühstück auch in einfacheren Hotels meist sehr üppig aus. Spiegel- oder Rührei, Bacon und Ham gehören immer dazu, ebenso eine Auswahl von Wurst, Käse, Marmeladen und Honig. Zypriotische Elemente sind Oliven und der Ziegenkäse *haloúmi*. Auch wer eine Unterkunft ohne Verpflegung gebucht hat, braucht auf ein solches Frühstück nicht zu verzichten, da es in vielen kleinen Tavernen und Imbissbuden in den Städten zubereitet wird. Da bekommt man dann oft auch ländlich-zypriotische Frühstückssuppen wie *louvaná*, eine sämige Suppe aus gelben Erbsen mit gerösteten Zwiebeln und Brotbrocken darin.

Ideal: das Mezé

Vor der Erfindung des Selbstbedienungsbuffets, das heute in den meisten Hotels üblich ist, war das Mezé-Essen die beste Möglichkeit, binnen kurzer Zeit möglichst viele Köstlichkeiten der zypriotischen Küche kennenzulernen.

Das Mezé (auch Mesé, gesprochen: *me-see*) ist keine bestimmte Mahlzeit, sondern eine Form des Essens. Der Kellner stellt 15, 20 oder auch 30 verschiedene Gerichte auf den Tisch, von denen sich jeder nimmt. Die Abfolge beginnt normalerweise mit kleinen Salaten und Pürees, Oliven und gegrilltem Käse. Dann folgen vielleicht Ravioli und Fleischbällchen, Kalamares und Schnecken. Wer nicht aufpasst, ist satt, bevor die Hauptgerichte kommen: darunter zum Beispiel Lammkoteletts und Leber, Hühnerbeine und Stifádo. Obst oder süß eingelegte Früchte bilden den Abschluss. Für solch ein Mezé-Essen zahlt man in der Regel nur geringfügig mehr als für ein Tellergericht mit Vorspeise.

Zahlreich: die Restaurants

Südzypriotische **Restaurants** unterscheiden sich kaum von denen in Mitteleuropa – nur dass man fast das gan-

Die Paréa

Ein Mezé-Essen macht nur dann richtig Freude, wenn man es wie ein Zypriote genießt – im größeren Freundes- oder Familienkreis. Zyprioten gehen ungern in trauter Zweisamkeit aus. Die gute Tischgemeinschaft, *paréa* genannt, ist ebenso wichtig wie das gute Essen. Auch mit den Essenszeiten hält man es anders als bei uns. Ein Mittagessen kommt auch um 14 Uhr noch gelegen, abends setzt man sich selten vor 21 Uhr zusammen.

ze Jahr über draußen sitzen kann. Die Speisekarten sind meist mehrsprachig. Als preiswerte Alternativen zu den klassischen Restaurants bieten sich moderne **Fast-Food-Lokale** und einfache **Grillstuben** an, in denen es vor allem Hühnchen, Seftaliá und Fleischspieß-

Leckere Kleinigkeiten, Pasten und Pürees sind typisch für die zypriotische Küche

chen sowie auch Gýros bzw. Döner im *píta* genannten Fladenbrot gibt.

Zyprioten brauchen aber nicht immer Restaurants, um gut zu essen. Überall auf der Insel haben die Forstverwaltungen **Picknickplätze** angelegt, auf denen man grillen und Trinkwasser schöpfen kann. Hier sieht man an Wochenenden und im Ferienmonat August viele Gruppen von Zyprioten gemeinsam sitzen, essen, trinken und feiern.

Getränke

Zypern ist eine Weininsel; schon die Bibel erwähnt zypriotischen **Wein.** Drei große Kellereien beherrschen den Markt. ETKO, SODAP und KEO. Daneben gibt es über 100 kleine Kellereien. Als Aristokrat unter Zyperns Weinen gilt der goldfarbene, süffige Aperitifwein Commandaria, der mit Sherry zu vergleichen ist. Sherries werden zusätzlich produziert.

KEO braut auch **Bier** und teilt sich mit einer Niederlassung von Carlsberg den Markt. Als **Spirituose** wird neben ausländischem Whisky vor allem ein-

heimischer Brandy getrunken. Ein leckerer Likör aus Bitterorangen ist der **Fílfar,** ein kräftiger Tresterschnaps der **Tsiwanía.** Noch aus Kolonialzeiten stammt ein anderes Nationalgetränk: der Longdrink **Brandy Sour.** Er wird weit häufiger getrunken als der Anisschnaps **Oúzo.** Den gibt es sowohl preiswert aus zypriotischen Destillen als auch teuer aus Griechenland importiert.

Besonderheiten Nordzyperns

Die türkisch-zypriotische Küche unterscheidet sich von der griechisch-zypriotischen fast nur durch das Fehlen von Schweinefleisch. Eine Variante des Mezé ist das ›**Full Kebab**‹: Nach einigen Tellerchen mit Vorspeisen kommt eine Platte mit verschiedenen gegrillten Fleischsorten auf den Tisch.

Durch den Einfluss der zugewanderten Festlandstürken trinkt man jetzt viel Tee, die servierten Weine kommen zumeist wie der Raki aus der Türkei.

Anreise

Mit dem Flugzeug

Zielflughäfen in Südzypern sind Lárnaka und Páfos, im Norden Ercan bei Nicosia. Die Flugzeit von Frankfurt bis Larnaca beträgt ca. 3,5 Std. Flüge nach Ercan sind aus politischen Gründen immer mit einer Zwischenlandung oder Umsteigen in der Türkei verbunden.

Linienflüge mit Lufthansa, Swiss, Austrian, Olympic Air oder Aegean Airlines nach Südzypern sind bei frühzeitiger Buchung oft preisgünstiger als Charterflüge!

Flughafen Lárnaka: 7 km westlich des Stadtzentrums. Linienbusse vom Flughafen nach Nicosia und Limassol 15–16 x tgl. rund um die Uhr; ins Zentrum von Lárnaka Mi und Sa 5 x zwischen 7.55 und 12.55 Uhr, Mo, Di, Do, Fr 8 x tgl. zwischen 7.30 und 17.30 Uhr. Taxis stehen vor dem Flughafengebäude in großer Zahl bereit.

Flughafen Páfos: 15 km östlich des Stadtzentrums, Linienbusverbindung zu den Strandhotels von Geroskípou, Páfos und Coral Bay mehrmals täglich, auch Taxis stehen bereit.

Flughafen Ercan: Kein Linienbusverkehr.

Mietwagen können an allen Flughäfen angemietet werden. Auch stehen Taxis überall in großer Zahl bereit.

Mit der Fähre

Zur Zeit findet kein Personen- und Pkw-Fährverkehr zwischen Europa und Zypern statt. Über Fährverbindungen zwischen der Türkei und Kyrenia/Girne, Nordzypern informiert das Nordzypern Tourismuszentrum (S. 21).

Einreisebestimmungen

Ausweispapiere: Für EU-Bürger und Schweizer genügt für beide Teile Zyperns bei Fluganreise ein gültiger Personalausweis. Auch Kinder benötigen ein Passdokument.

Haustiere: Für Hunde braucht man den EU-Heimtierausweis. Hunde ohne eingesetzte Mikrochips müssen mit einer tierärztlichen Tätowierung am Ohr gekennzeichnet sein.

Zollbestimmungen: Waren für den persönlichen Gebrauch können EU-Bürger zollfrei in die Republik Zypern mitführen; bis zu 800 Zigaretten, 90 l Wein, 10 l Schnaps sind daher frei. Für Schweizer Bürger (und bei Duty-Free-Waren) und im Verkehr mit Nordzypern gelten jedoch die alten Grenzen: 200 Zigaretten und 1 l Spirituosen über 22 % Alkohol. Für den Verkehr zwischen den beiden Teilen Zyperns gelten besondere Regelungen: vor allem dürfen aus Nordzypern maximal 2 Schachteln Zigaretten in die Republik Zypern eingeführt werden.

Feiertage

In der Republik Zypern

1. Jan.: Neujahr
6. Jan.: Taufe Christi, Epiphanias
Rosenmontag: 7. März 2011, 27. Feb. 2012, 10. März 2013
25. März: Nationalfeiertag; Mariä Verkündigung
1. April: Zypriotischer Nationalfeiertag
Karfreitag: 22. April 2011, 13. April 2012, 3. Mai 2013
Ostermontag: 25. April 2011, 16. April 2012, 6. Mai 2013

1. Mai: Tag der Arbeit
15. Aug.: Mariä Entschlafung
1. Okt.: Zypriotischer Unabhängigkeitstag
28. Okt.: Nationalfeiertag
24. Dez.: Heiligabend
25. Dez.: Weihnachten
31. Dez.: Silvester

In Nordzypern
1. Jan.: Neujahr
23. April: Tag des Kindes
1. Mai: Tag der Arbeit
19. Mai: Tag der Jugend und des Sports
20. Juli: Tag des Friedens und der Freiheit
1. Aug.: Tag des Widerstandes
Şeker Bayramı (Ende des Fastenmonats Ramadan): 30. Aug.–1. Sept. 2011, 19.–21. Aug. 2012, 8.–10.Aug. 2013
30. Aug.: Tag des Sieges
29. Okt.: Tag der Türkischen Republik
Kurban Bayramı (Opferfest): 6.–9. Nov. 2011, 25.–28. Okt. 2012, 15.–18. Okt. 2013
15. Nov.: Tag der ›Türkischen Republik Nordzypern‹

Feste und Festivals

Kirchliche Feste
Epiphanías: Das Fest der Wasserweihe und der Taufe Jesu wird vor allem in den Küstenstädten begangen. Nach dem morgendlichen Gottesdienst zieht eine Prozession ans Meer, der Priester wirft ein Kreuz ins Wasser, junge Männer tauchen danach. Wer es wieder heraufholt, wird viel Gück haben.
Karneval: Am Karnevalssonntag großer Faschingsumzug in Limassol.
Karfreitag: Am späten Vormittag wird in allen Kirchen der Epitáphios, Christi symbolisches Grab, von Mädchen und Frauen mit Blumen geschmückt. Beim Abendgottesdienst küssen alle Gläubi-

gen das Epitaphios-Tuch, das dann gegen 21 Uhr in feierlicher Prozession durchs Dorf getragen wird.
Ostersamstag: Kurz nach 23 Uhr beginnt die Ostermesse. Fast alle Kirchen sind überfüllt, die Menschen drängen sich auch auf den Kirchhöfen. Kurz vor Mitternacht verlöschen alle Lichter. Nach kurzer Stille verkündet der Priester die Auferstehung Christi und entzündet eine Kerze am Ewigen Licht. Die Kirchgänger entzünden nacheinander ihre Kerzen; Kinder und Jugendliche lassen Silvesterknaller explodieren.
Ostersonntag: Man sitzt im Kreis der Großfamilie zusammen, grillt Soúvla und feiert. Insbesondere im Bezirk Páfos finden am Sonntag oder Montag in vielen Dörfern Osterspiele auf den Straßen und Plätzen oder auch im Stadion statt. Zu den üblichen Wettbewerben gehören Sackhüpfen, Eierlaufen etc.
Pfingstmontag: An diesem Tag wird auf Zypern, vor allem in Lárnaka, das Fest des Kataklysmós gefeiert. Es erinnert an die Errettung der Menschen von der Sintflut. Zum Programm gehören neben dem Gottesdienst mit Prozession auch Tanz- und Musikwettbewerbe; es herrscht Volksfeststimmung. In Lárnaka ist an der Uferpromenade von Donnerstag vor bis Dienstag nach Pfingsten ein Jahrmarkt aufgebaut.

Festivals
Das ganze Jahr über finden in Nicosia und den Küstenorten im Süden zahlreiche kulturelle Veranstaltungen und Festivals statt. Einen umfassenden Überblick verschafft die »List of Events«, die in allen Büros der Tourist Information kostenlos erhältlich ist.
North Cyprus International Bellapais Music-Festival: Zwischen dem 20. Mai und dem 25. Juni werden in der gotischen Abteiruine von Bellapais viele klassische Konzerte gegeben.

International Famagusta Art and Culture Festival: An den letzten zehn Tagen im Juni und den ersten zehn Tagen im Juli finden, Jazz-, Pop-, Klassik- und Folk-Konzerte vor dem Othello-Turm in Famagusta und im antiken Theater von Salamis statt.

Cyprus Music Days: Anfang Juli vier Tage lang Jazz- und Klassikkonzerte im antiken Theater von Koúrion.

Marienfeste: Vom 14. bis zum 16. Aug. finden in **Agrós** und **Kannavioú** Dorffeste mit Folklore-Veranstaltungen statt. Große Jahrmärkte werden in diesen Tagen in **Kíti, Liopétri** und **Káto Deftéra** sowie vor den Klöstern **Kýkko** und **Chrisorogiátissa** veranstaltet.

Limassol Wine Festival: Zwei Wochenenden und die Woche dazwischen findet Ende August/Anfang September im Stadtpark von Limassol ein großes Wein-Festival mit Folklore-Veranstaltungen und Konzerten statt (www.limassolmunicipality.com.cy/wine).

Páfos Aphrodite Festival: An vier Abenden Anfang September führt das Ensemble der Arena di Verona vor dem türkischen Fort am Hafen von Páfos eine Oper auf (www.pafc.com.cy).

Fundbüro

Zentrale Fundbüros gibt es nicht. Dinge werden aufbewahrt, wo sie verloren oder vergessen wurden.

Geld

Währung in **Südzypern** ist der Euro (griechisch *ewró* oder englisch *júro* ausgesprochen). Die drei kleinen Cent-Münzen zieren zwei Mufflons, die drei großen das antike Schiff von Kyrenia, die Ein- und die Zwei-Euro-Münze das bronzezeitliche ›Idol von Pomos‹.

Währung in **Nordzypern** ist die Türkische Lira (TL, TRY). Der Euro wird dort aber fast überall akzeptiert.
1 TRY = 0,51 € bzw. 0,66 CHF
1 € = 1,96 TRY; 1 CHF = 1,50 TRY

Geldwechsel bei Banken, schlechtere Kurse bekommt man Wechseln in Hotels. In Nordzypern kann man in Wechselstuben Türkische Lira bekommen. Abhebungen von Bargeldautomaten sind mit der Maestro-Karte oder mit Kreditkarten (mit PIN) möglich. In Supermärkten, Restaurants und Hotels der gehobenen Kategorien sowie bei Mietwagenagenturen werden Kreditkarten in der Regel akzeptiert (vor allem Visa und MasterCard), in Tavernen und Pensionen nur selten.

Gesundheit

Um schweren Sonnenbränden vorzubeugen, sind Cremes mit hohem Schutzfaktor dringend zu empfehlen. Durchfall lässt sich durch Hygienemaßnahmen wie häufiges Händewaschen vermeiden, auch sollte man eiskalte Getränke vermeiden. Rohkost und Leitungswasser kann man bedenkenlos zu sich nehmen.

In **Notfällen** werden Urlauber in den staatlichen Krankenhäusern und Gesundheitszentren kostenlos behandelt. Private Kliniken und frei praktizierende Ärzte müssen jedoch ebenso wie Medikamente bar bezahlt werden. Daher empfiehlt sich der Abschluss einer Reisekrankenversicherung.

Informationsquellen

Fremdenverkehrszentrale Zypern im Ausland
60313 Frankfurt/Main, Zeil 127, Tel. 069 25 19 19, info@cto-fra.de

10179 Berlin, Wallstr. 27, Tel. 030 23 45 75 90, Fax 030 23 45 75 92
1010 Wien, Parkring 20, Tel. 0222 513 18 70, zyperntourism@aon.at
8001 Zürich, Gottfried-Keller-Str. 7, Tel. 044 62 33 03, ctozurich@bluewin.ch

Nordzypern Tourismuszentrum im Ausland
60329 Frankfurt/Main, Basler Str. 35–37, Tel. 069 24 00 79 46, info@nord zypern-touristik.de

Touristeninformation auf Zypern
Büros der Cyprus Tourism Organisation (CTO) gibt es in allen südzypriotischen Städten, an den Flughäfen von Páfos und Lárnaka, am Hafen von Limassol sowie in Páno Plátres. Nordzypern unterhält Touristeninformationen in Nicosia, Kyrenia/Girne und Famagusta.

Im Internet
Länderkennung Zypern: cy
www.visitcyprus.com: Gute Website der Cyprus Tourism Organisation mit vielen Informationen auch zu Sehenswürdigkeiten und Museen, Kirchen und Klöstern, Botschaften, Hotels, Verkehrsverbindungen usw.
www.nordzypern-touristik.de: Ausführliche Homepage des Nordzypern Tourismuszentrums. Auf jeden Fall einen Blick wert, auch wenn man pauschal nach Südzypern reist.
www.zypern.com: Von der Handelsabteilung der Botschaft Zyperns erstellte Internetseite.
www.zypern-forum.de: Chatforum mit vielen Links, dazu eine umfangreiche Fotogalerie, in die jeder Bilder einstellen kann.

Web-Seiten auf Englisch
www.cyprus-hotels.com: Ausführliches, wenn auch nicht komplettes Hotelverzeichnis mit direkten Links zu den Hotels, vielen Fotos, Preisen und direkten Buchungsmöglichkeiten.
www.windowsoncyprus.com: Die beste kommerzielle Website für Urlauber. Aktuelle Wechselkurse, ausführliche Informationen zu Agrotourismus, traditionellen Hotels und Häusern, Mietwagenpreisen, Sportmöglichkeiten. Englischsprachiges Chat-Forum.
www.cyprus-mail.com: Die englischsprachige Tageszeitung der Insel wird täglich außer montags aktuell ins Netz gestellt.
www.cybc.com.cy: Homepage des staatlichen Rundfunk- und Fernsehsenders. Radio- und TV-Programme live auf dem Bildschirm. Griechisch-Sprachkurs in 105 Lektionen.
www.cyculture.net: Informationen, Adressen und Links für alle mit speziellen Interessen, z. B. Vogelbeobachtung, Golf und Reiten, traditionelles Kunsthandwerk und Trekking-Touren.
www.unficyp.org: Offizielle Website der UN-Friedenstruppen auf Zypern.
www.kypros.org: Viele Links zu offiziellen Institutionen der Insel, auch aktuelle Wetterinfos. Wer Real Player o. Ä. installiert hat, kann hier auch zypriotisches Radio und TV empfangen, Videoclips sehen und sogar Neugriechisch lernen.

Kinder

Reiseplanung
Zypriotische Ärzte verschreiben schon bei kleinen Wehwehchen schnell Antibiotika. Wenn Sie die nicht sonderlich schätzen, nehmen Sie besser ihre homöopathischen Hausmittel von zu Hause mit. Sonnenmilch ist in Zypern teuer, kaufen Sie also genug davon ein. Da der Sand schnell glutheiß wird, sind Badeschuhe oder Sandalen dringend zu

empfehlen. Stechmücken und Wespen machen auch vor Zypern nicht Halt: Insektenschutzmittel und eventuell sogar ein mitgebrachtes Moskitonetz für die ganz Kleinen erweisen sich da als nützlich. Windeln und Babynahrung sind in den großen Supermärkten und in teuren Apotheken erhältlich. Frische Kuhmilch ist überall auf Zypern zu bekommen.

Essen gehen

In Hotelrestaurants und in vielen Tavernen stehen Hochstühle für Kleinkinder bereit. Spezielle Kinderkarten sind selten, doch überall kann man mit dem Kellner reden und für die Kleinen eine halbe Portion zum halben Preis bestellen. Außerdem hat kein Wirt etwas dagegen, wenn der Nachwuchs vom Teller der Eltern mitisst. Oft bringt der Kellner sogar von selbst einen leeren Extra-Teller.

Wichtig zu wissen: ›Cabarets‹ sind keine Varietés für die ganze Familie, sondern billige, dabei aber keineswegs preiswerte Nachtbars, in denen vor allem ausländische Prostituierte arbeiten.

Unternehmungen

Für Kinder wird auf Zypern wenig Spezielles geboten. Es gibt einige große Spaßbäder mit Riesenrutschen, in Nicosia kann man eine Rundfahrt mit einem Mini-Zug auf Gummirädern unternehmen. Die auf Zypern ›Luna Park‹ genannten Jahrmärkte bieten zwar überwiegend Fahrgeschäfte für Jugendliche und Erwachsene an, aber auch Karussells für die ganz Kleinen. Tretboote für die ganze Familie werden an vielen Stränden vermietet, sogar Modelle mit einer Wasserrutsche.

Schlafenszeiten

Die meisten Biblioten sind sehr kinderfreundlich und lassen sie ganz einfach am Leben der Erwachsenen teilhaben. Sie dürfen bis Mitternacht wach bleiben und draußen herumtollen oder Fußball spielen. Dafür schlafen oder ruhen sie mittags, wenn die Sonne am heißesten und die UV-Strahlung am gefährlichsten ist. Den Rhythmus sollte man im Urlaub übernehmen.

Kinderermäßigungen

Für Zustellbetten dürfen Hotels bis zu 20 % des Zimmerpreises erheben. In der Metro und allen Bussen fahren Kinder unter 6 Jahren kostenlos. Schüler und Studenten zahlen den vollen Fahrpreis. Schüler und Studenten aus EU-Ländern haben zu allen staatlichen Museen und zu allen Ausgrabungsstätten bei Vorlage eines entsprechenden Ausweises freien Eintritt.

Klima und Reisezeit

Zypern ist ein Ganzjahres-Reiseziel. Das Meer ist zwischen Mai und November über 18 °C warm. Seine höchste Temperatur erreicht es im September mit 25 °C, seine niedrigste im Februar mit 14 °C. Mit 11 bis 13 Regentagen pro Monat ist das Quartal zwischen Dezember und Februar am niederschlagsreichsten. Zwischen Mai und September regnet es maximal ein- bis zweimal im Monat.

Tageshöchsttemperaturen liegen an der See zwischen Juni und September etwas über 30 °C, in Nicosia können sie bis 37 °C ansteigen. An einigen Tagen im Juli und August erreichen sie dort sogar bis zu 45 °C im Schatten. Zwischen Dezember und März ist es an der Küste 17–19 °C warm, Nachtfröste sind auch im Tróodos unter 1000 m Höhe selten. An der Küste sinken die

J	F	M	A	M	J	J	A	S	O	N	D

Mittlere Tagestemperaturen in °C
17 17 19 23 27 30 33 33 31 28 23 19

Mittlere Nachttemperaturen in °C
8 7 8 10 14 18 20 20 18 16 12 9

Mittlere Wassertemperaturen in °C
17 16 17 17 19 21 23 25 25 24 21 18

Sonnenstunden/Tag
6 6 8 9 11 12 12 12 11 9 8 6

Regentage/Monat
10 8 7 3 1 0 0 0 0 2 5 9

Klimadiagramm Limassol

Nachttemperaturen selbst in den Wintermonaten selten unter 8 °C.

Eine leichte Jacke oder ein leichter Pullover sollten auch im Hochsommer wegen kühler Winde am Abend nicht im Reisegepäck fehlen. Wer zwischen November und April reist, braucht auch einen warmen Winterpullover.

Öffnungszeiten

Banken: Im Süden Mo–Fr 8.30–12.30 (Juli, Aug. ab 8.15), Mo auch 15.15–16.45 Uhr; In Nordzypern Mo–Fr 8.30–14 und Mo 15–18 Uhr.
Postämter: Im Süden Mo–Fr 7.30–13, Sa 7.30–12 Uhr. Die Hauptpostämter in Nicosia, Lárnaka, Limassol und Páfos außerdem Mo–Fr 16–18 Uhr. In Nordzypern Mo–Fr 8–13 und 14–17, Sa 9–12 Uhr.
Geschäfte: In Südzypern 8–19.30 (Mai–Sept. bis 20.30) und Sa 8–18 Uhr, Mittagspause nach Gutdünken. In Nordzypern Mai–Sept. Mo–Sa 8–14 und 16–18, Okt.–April Mo–Sa 8–17 Uhr.
Souvenirläden: Tgl. ca. 9–23 Uhr.

Organisierte Touren

Organisierte Tagesausflüge per Bus und Jeep-Safari werden von allen Urlaubsorten Südzyperns aus in alle Regionen ganz Zyperns veranstaltet. Ein Tagesausflug von Ayía Nápa nach Kerynia/Girne und Famagusta kostet 42 €, nach Koúrion und Páfos 32 €.

Rauchen

In beiden Teilen Zyperns gilt in gastronomischen Betrieben und den Gemeinschaftsräumen von Hotels ein striktes Rauchverbot, ebenso an Flughäfen und in öffentlichen Verkehrsmitteln. Zigaretten ohne Filter sind auf Zypern nicht erhältlich.

Reisen mit Handicap

Für mediterrane Verhältnisse ist Zypern dank seiner britischen Vergangenheit und Prägung gut auf Reisende mit Handicap eingestellt. Nähere Informationen halten die Fremdenverkehrszentralen bereit.

Sport und Aktivitäten

Baden

Baden ist überall erlaubt. Rote Bojen kennzeichnen Bezirke, die Schwimmern vorbehalten sind und von Wasserfahrzeugen jeder Art nicht befahren werden dürfen. Sonnenschirme und Liegestühle werden vor allen größeren Hotels sowie an vielen freien Stränden vermietet. Außerdem unterhält die Cyprus Tourism Organisation Strandbäder in Lárnaka, Limassol und Geroskípou bei Páfos. Eine Art ›Baywatch‹ gibt es an allen viel besuchten Stränden. Durch Haie wurde

23

an den Küsten Zyperns bisher noch niemand verletzt. Mit Quallen ist dagegen gelegentlich zu rechnen, vor einem Tritt in einen Seeigel muss man sich an felsigen Ufern in Acht nehmen.

Golf

Seit den 1990er-Jahren mausert sich Südzypern zu einem Dorado für Golfsportler. Inzwischen gibt es fünf gute Plätze, die alle wenige Kilometer abseits der Küste zwischen Limassol und Páfos liegen. Die drei besten 18-Loch-Golfplätze sind der Tsáda Golf Club 8 km nördlich von Páfos (www.cyprus golf.com), der Secret Valley Golf Club 18 km östlich von Páfos (Tel. und Website wie Tsáda) und das Ressort Aphrodite Hills oberhalb der Pètra tou Romioú zwischen Páfos und Limassol, auf dem man sogar im Luxushotel wohnen und Villen kaufen kann (Tel. 26 64 27 74, www.aphroditehills.com).

Paragliding

Wer sich gern einmal an einem Fallschirm von einem Motorboot in etwa 10–30 m Höhe an einer 60, 100 oder 200 m langen Leine übers Wasser ziehen lassen möchte, hat dazu an mehreren Stränden Gelegenheit. Auch Tandem-Flüge sind möglich; der Preis ist von der Länge der Leine abhängig. In Kyrenia in Nordzypern ist auch ein Tandem-Hanggleiterflug vom Gebirge zur Küste buchbar.

Radfahren

Das beste Radwegenetz Zyperns gibt es in der Region von Ayía Nápa. Für Mountainbiker sind vor allem die vielen kleinen Straßen und Forstwege im Tróodos-Gebirge sowie in der Region um Pólis ideal. Gepflegte Mountainbikes und Rennräder vermietet **Thomas Wegmüller** in Limassol in den Hotels Atlantica Oasis & Garden, Atlantica Miramare Beach und Aquarius Beach (Tel. 25 63 40 93, mobil 99 66 62 00, www.veloferienzypern.com) sowie das Hotel Aliathon Holiday Village in Páfos (Tel. 26 96 44 00, www.aliathonvillage.com). Eine sehr gute Adresse für Mountainbiker ist auch die Radstation von **Cyprus Villages** in Kalavasós, die außer MTBs auch Touren-, Kinder- und Rennräder vermietet sowie geführte Mountainbiketouren durchführt (Tel. 24 33 29 98, www.cyprusvillages.de).

Reiten

Mehrere Reitställe auf der Insel bieten die Möglichkeit zu ein- oder mehrstündigen Ausritten bis hin zu Tagestouren. Man findet sie bei Protarás (S. 53), Limassol (S. 60), Tochní nahe dem Governor's Beach (S. 64) und Kyrenia (S. 98).

Segeln

Im Gegensatz zur Ägäis ist das östliche Mittelmeer rund um Zypern kein attraktives Segelrevier. Es gibt zu wenig geschützte Buchten, zu wenig Marinas und aus politischen Gründen auch zu wenig Anlaufhäfen. So segeln hier überwiegend Zyprioten, Russen und Israelis. Wer dennoch eine Yacht chartern will, wende sich an **Interyachting Ltd.,** Chr. Kranoú St. 33, Germasógia/Limassol, Tel. 25 81 19 00, Fax 25 72 00 21, www.interyachting.com.cy.

Speedboat-Miete

In allen Sportboothäfen und von manchen Wassersportstationen werden Speedboats vermietet. Bis 25 PS sind sie führerscheinfrei zu haben, aber selbst für Boote mit 125 PS und mehr genügt ein Pkw-Führerschein. Der Mieter muss mindestens 18 Jahre alt sein.

Surfen

An mehreren Stränden werden Surfboards und Riggs vermietet. Zypern ist jedoch kein idealer Surf-Spot, da es an flachen Buchten und Windkanälen mangelt. Die beste Station und Surfschule auch für Kitesurfing ist an der **Surf Cyprus** an derPissoúri Bay (Tel. 99 75 55 36, Fax 25 22 25 66, www.surf cyprus-windsurfing.com).

Tauchen

In allen Badeorten der Insel gibt es Tauchschulen und -stationen. Besonders zahlreich sind sie in Ayía Nápa. Die Meeresfauna ist zwar nicht sonderlich spektakulär, aber die Felsküsten bieten interessante Formationen, Grotten und Höhlen; an mehreren Stellen ist auch Wracktauchen möglich. Antikenfunde dürfen nicht gehoben, Schwämme nicht geerntet werden.

Wandern

Die Cyprus Tourism Organisation hat zusammen mit der Forstverwaltung fast 40 Wanderwege und Naturlehrpfade (Nature Trails) angelegt. Sie sind gut gepflegt und markiert. In verschiedenen kostenlosen Broschüren, die schon vor Reisebeginn bei der Fremdenverkehrszentrale Zypern angefordert und auf der Insel selbst in den Büros der Tourist Information mitgenommen werden können, sind die Wanderwege beschrieben. Die meisten Wanderwege findet man im Tróodos-Gebirge, weitere auf der Akámas-Halbinsel sowie in der Region Ayía Nápa/Protarás.

Leider ist nur ein Teil der Wege als Rundwanderweg angelegt. Einen Shuttle-Service zwischen Ausgangs- und Endpunkt gibt es nirgends, so dass man entweder per Taxi oder per Anhalter zurückkehren muss, wenn man nicht laufen will. Auf allen Wanderwegen ist festes Schuhwerk angebracht. Im Hochsommer sollte man auch an eine Kopfbedeckung und genügend Trinkwasser denken.

Wer nicht gern allein wandert, kann manchmal auch an geführten Touren teilnehmen. Ein guter Anbieter dafür ist **Ecologia Tours** in Páfos.

Stromversorgung

In ganz Zypern sind die Steckdosen dreipolig. Adapter können in den Hotels geliehen und in Geschäften gekauft werden.

Telefon

In Südzypern telefoniert man in Telefonzellen mit **Telefonkarten,** die an Kiosken, in Tabakläden, in Supermärkten und bei den Büros der zypriotischen Telekommunikationsgesellschaft CYTA erhältlich sind. In Nordzypern nutzt man am besten private Telekommunikationsbüros.

Vorwahlen: Deutschland 0049, Schweiz 0041, Österreich 0043, dann die Ortsvorwahl ohne die Null.

In **Südzypern** sind alle Telefonnummern achtstellig, in **Nordzypern** siebenstellig; eine Ortsvorwahl gibt es nicht. Bei Anrufen aus dem Ausland nach Südzypern wählt man die Vorwahl 00357 plus die acht-, bei Anrufen nach Nordzypern die Vorwahl 0090 392 plus die siebenstellige Rufnummer.

Achtung: Bei Handytelefonaten innerhalb Nordzyperns ist die gesamte Vorwahl mitzuwählen.

Handys sind weit verbreitet und haben fast überall Netzverbindung. Über die günstigsten Roaming-Partner informiert Sie Ihr Provider, grundsätzlich sind südzypriotische Netze günstiger. Wer eine eigene süd- oder nordzypriotische Handynummer wünscht, erhält sie für ca. 5–7 € völlig unbürokratisch und umgehend in jedem Handyshop.

Sicherheit und Notfälle

Zypern hat eine ausgesprochen niedrige Kriminalitätsrate. Bei größeren Menschenansammlungen ist wie überall Vorsicht vor Taschendieben angebracht.

Wichtige Notrufnummern
Krankenwagen, Polizei und Feuerwehr: In Südzypern Tel. 112 und Tel. 199; gebührenfrei, Englisch wird fast immer verstanden. In Nordzypern Tel. 112 für Krankenwagen, Tel. 155 für Polizei, Tel. 199 für Feuerwehr.
Sperren von Kreditkarten: Tel. 0049 11 61 16, **von Maestro-, Bank- und Sparkassen-Card:** 0049 18 05 02 10 21
Deutsche Botschaft: Nicosia (Süd), Tel. 22 45 11 45
Österreichische Botschaft: Nicosia (Süd), Tel. 22 41 01 51
Schweizer Botschaft: Nicosia (Süd), Tel. 22 46 68 00

Toiletten

Oft liest man in den Badezimmern der Hotels und in Tavernen in der Toilette die Bitte, kein Papier ins Toilettenbecken zu werfen, weil nun wegen enger Abwasserrohre Verstopfungsgefahr besteht. Man wirft das gebrauchte Papier dann in dafür bereitstehende Eimer.

Verkehrsmittel

Busverkehr
Von privaten Gesellschaften betriebene Linienbusse verbinden die meisten Städte mehrmals täglich untereinander. Sie verkehren allerdings kaum an Samstagnachmittagen, an Sonntagen oder abends.

Service Taxi
Das gängigste Verkehrsmittel zwischen den Städten im Süden sind die ›Service-Taxi‹ genannten Sammeltaxis. Sie sind etwa doppelt so teuer wie Linienbusse, bieten aber häufigere Abfahrtszeiten und Abholung von jedem gewünschten Ort innerhalb der Stadtgrenzen. In der Regel handelt es sich um Mercedes-Fahrzeuge, die bis zu sieben Passagieren Platz bieten. Service-Taxis sind werktags zwischen etwa 6 und 18 Uhr unterwegs, samstags, sonntags und an Feiertagen zwischen 7 und 17 Uhr.
Im Norden fahren Dolmuş genannte Sammeltaxis auf festen Routen zwischen den Städten und in größere Dörfer.

Taxi
In allen Städten und Touristenzentren stehen rund um die Uhr Taxis bereit. Zwischen 6 und 20.30 Uhr gilt im Süden der Tarif I (0,73 €/km, Wartestunde 13,66 €), nachts sowie an Sonntagen der Tarif II (0,85 €/km, Wartestunde 15,71 €). Im Norden sind Taxis etwas preiswerter.
In größeren Dörfern gibt es sog. Rural Taxis (griech. Agoréo) ohne Taxameter. Sie sind etwas preiswerter als städtische Taxis, dürfen Fahrgäste aber immer nur in ihrem Herkunftsdorf aufnehmen.

Auto oder Zweirad
Das zypriotische Straßennetz ist sehr gut ausgebaut, die Städte sind untereinander durch mautfreie Autobahnen

von mitteleuropäischem Zuschnitt verbunden. Die Zyprioten fahren in der Regel sehr diszipliniert, die Fahrzeuge sind fast immer in gutem Zustand. Die Beschilderung ist vorbildlich.

Leihfahrzeuge

Leihwagen: Vom Kleinwagen bis zum Jeep und Minibus werden in allen Städten und Touristenzentren Fahrzeuge in großer Zahl angeboten. Sie tragen ein rotes Nummernschild mit einem Z als erstem Buchstaben. Die Preise sind abhängig von Mietdauer und Saison. Für einen Pkw mit 1200 ccm zahlt man im Sommer etwa 32–36 €, im Winter kann man Rabatte aushandeln. Im Mietpreis sind immer unbegrenzte Freikilometer, Haftpflicht- und Vollkaskoversicherung (Letztere mit 200–1000 € Selbstbeteiligung) enthalten. Der nationale Führerschein genügt; viele Firmen setzen aber ein Mindestalter des Mieters von 21 Jahren voraus.

Mopeds und Motorräder: Zweiräder werden auf ganz Zypern weitaus seltener verliehen als auf anderen Mittelmeerinseln. Man findet sie hauptsächlich in den ausgesprochenen Badeorten. Es wird der nationale Führerschein verlangt, der im Heimatland zum Fahren des entsprechenden Fahrzeugs berechtigt. Das Mindestalter des Fahrers beträgt 18 Jahre; Mopeds unter 50 ccm dürfen auch schon von 17-Jährigen benutzt werden. Es besteht Helmpflicht. Inklusive Vollkaskoversicherung kosten kleine Mopeds ab ca. 12 €/Tag, Motorräder über 100 ccm ab 18 €/Tag.

Fahrräder: Zypern ist keine fahrradfreundliche Insel. Gute Radwege gibt es nur im Gebiet von Ayía Nápa und Paralímni, wo auch viele Fahrräder vermietet werden. Mountainbikes werden in Urlaubsorten angeboten.

Verkehrsregeln

Auf ganz Zypern wird links gefahren. Die zulässige Höchstgeschwindigkeit beträgt auf Autobahnen 100 km/h, auf Landstraßen 80 km/h und in Ortschaften 50 km/h. Auf den Vordersitzen herrscht Gurtpflicht; Kinder unter 5 Jahren müssen auf dem Rücksitz Platz nehmen. Die Promillegrenze liegt im Süden bei 0,5, im Norden bei 0,0.

Tankstellen: Zahlreich, doch meist nur Mo–Fr und So 6–18 und Sa 6–16 Uhr geöffnet. Bei vielen Tankstellen kann man mit Bargeld oder per Kreditkarte 24 Stunden am Automaten tanken. Die Benzinpreise sind relativ niedrig.

Der Umwelt zuliebe – nachhaltig reisen

Ums Flugzeug führt kein Weg nach Zypern herum. **www.atmosfair.de** bietet einen Weg, für den dabei entstandenen CO2-Ausstoß einen Ausgleich zu schaffen. Auf Zypern führt kein Weg um Motorfahrzeuge herum – für Radtouren ist die Insel für Normalmenschen zu gebirgig. Die besonders schädlichen Jeep-Safaris kann man allerdings ebenso meiden wie Go-Kart-Bahnen und das Anmieten von Jetskis und Motorbooten. Anerkannte Bio-Label gibt es nicht.

Nachhaltig reisen heißt auf Zypern vor allem, sozialverträglich zu reisen: In traditionellen Tavernen statt bei weltweit vertretenen Ketten zu speisen, einheimische Produkte zu bevorzugen, in kleinen Hotels und Häusern im Binnenland zu wohnen statt in Großhotels an der Küste. Mehr kann man auf Zypern für die Umwelt nicht tun.

Unterwegs auf Zypern

Nicht alle Küstenorte auf Zypern sind so idyllisch wie der Fischerort Potamós tou Liopetríou. Aber schöne Badestrände gibt es viele. Wer mehr vom Land sehen möchte, sollte sich auch in das wunderschöne, gebirgige Hinterland wagen, wer Kultur und Geschichte der Insel verstehen möchte, darf Nicosia nicht auslassen.

Nicosia und Umgebung

Nicosia ▶ G/H 5

Die letzte geteilte Hauptstadt der Welt (207 000 Ew.) liegt im Zentrum der ganz Zypern durchziehenden Mesaória-Ebene. Ihren Kern bildet die Altstadt, die von einem 5 km langen Mauerring mit elf Bastionen und Wallgraben umgeben ist. Mitten durch die Altstadt verläuft die ›Green Line‹, die Demarkationslinie zwischen dem südlichen und dem nördlichen Teil. Man kann sie problemlos bei einem Spaziergang durch die **Altstadt** passieren (**direkt 1** ▶ S. 31). Um die Altstadt dehnen sich im Norden wie im Süden touristisch uninteressante Neubauviertel aus.

Die geteilte Altstadt ▶ G 5

Laikí Geitoniá 1
Zwischen den Straßen Solónos/Aischylóu/Ippokrátous/Fylokýprou
Liebevoll restauriertes Altstadtviertel mit zwei engen Gassen, schönen Häusern, Läden und Tavernen. Vor allem abends reizvoll! Das Viertel spricht man übrigens La-ikí Jitonjá.

Omeriye-Moschee 2
Odós Trikoúpis/Platía Tyllírias, Mo–Sa 10–12.30, 13.30–15.30 Uhr, Spende üblich
Die von syrischen Moslems verwaltete Moschee war ursprünglich eine gotische Augustinerkirche.

Hadjigeorgákis Kornésios-Haus 3
Odós Patriárchou Grigoríou 20, Di, Do, Fr 8.30–15, Mi 8.30–17, Sa 9.30–15.30 Uhr, Eintritt 1,70 €
Das stattliche Haus aus dem späten 18. Jh. gehörte einem Christen, der als Dragoman dafür zuständig war, von seinen Glaubensgenossen die Steuern für den Sultan einzutreiben. Eindrucksvoll sind der dreiseitig von Arkaden umschlossene Innenhof und der Salon im türkischen Stil des 18. Jh.

Kathedrale Ágios Ioánnis 4
direkt 2 ▶ S. 36

Städtisches Kunstzentrum 5
Nicosia Municipal Arts Centre, Odós Apóstolou Varnáva 19, Di–Sa 10–15, 17–23, So 10–16 Uhr, Eintritt frei
Im alten Elektrizitätswerk von Nicosia finden Wechselausstellungen zeitgenössischer zypriotischer Künstler und internationaler Kunst statt.

Zypern-Museum (Cyprus Museum) 6
direkt 3 ▶ S. 39

Mevlevi Tekke 7
Nord-Nicosia, Girne Cad., Mai–Okt. Mo–Fr 9–13 und 14–17 Uhr, Nov.–April Mo–Fr 9–14 Uhr, Eintritt 3 €
In dem ehemaligen Kloster der Tanzenden Derwische, deren Orden im 13. Jh. im türkischen Konya gegründet wurde, erinnern lebensgroße Pup- ▷ S. 34

1 | Politik überall – Spaziergang durch das geteilte Nicosia

Cityplan: S. 34 | **Dauer:** Stadtspaziergang, ein halber Tag zu Fuß

Die Altstadt von Nicosia ist kein schön herausgeputztes historisches Schmuckstück und auch kein Szeneviertel, sondern wirkt durch Authentizität und Ursprünglichkeit. Problemlos kann jeder Urlauber sowohl den griechischen als auch den türkischen Teil besuchen und so auch die Folgen der Teilung aus eigener Anschauung beurteilen.

Am Freiheitsplatz

Die **Platía Eleftheriás** liegt auf der mittelalterlichen Stadtmauer und überspannt deren Wallgraben – beides Werke der Venezianer aus dem 16. Jh. Auf der an den Platz grenzenden Bastion steht die zierliche **City Hall** **8**, das Rathaus aus britischer Kolonialzeit im klassizistischen Stil. Über seinem Eingang wehen vier Flaggen: die von Europa, Nicosia, Zypern – und Griechenland. Damit wollen die Stadtväter

unterstreichen, dass Zypern zwar ein selbstständiger Staat ist, sich die Mehrheit seiner Bewohner aber als Griechen fühlt.

Hoch hinaus

Am Freiheitsplatz beginnt die etwa 400 m lange Lidra Street als Haupteinkaufsstraße der Altstadt, die bis zur neuzeitlichen ›Green Line‹ führt, die Nicosia zur letzten geteilten Hauptstadt der Welt macht. In die 11. Etage des Kaufhauses Debenhams mit dem **Shakólas Tower** **9**, fährt ein Fahrstuhl hinauf. Aus einer nahezu rundum verglasten Kanzel heraus fällt der Blick über die gesamte Stadt und weit über die Insel. Was man sieht, wird erläutert – bis auf die beiden riesigen, je 165 m² großen, aus Steinen am Südhang des Kyrenia-Gebirges gelegten und mit Acrylfarben angemalten Flaggen der Türkei und Nordzyperns. Sie sollen den zypriotischen Griechen signalisieren:

Pause im Büyük Han

Hier habt ihr nichts zu sagen, dieser Inselteil gehört jetzt uns! Die empfinden das als böse Provokation.

Vorsorglich hingerichtet

Im Nordosten des Kirchhofs der 1872 geweihten Kirche **Panagía Faneroménis** 10 errichteten die griechischen Zyprioten 1930 ein Mausoleum zur Erinnerung an die Hinrichtung von über 400 orthodoxen Klerikern im Jahr 1821 durch die Osmanen. In Griechenland war der Freiheitskrieg ausgebrochen. Um ein Überspringen des Funkens nach

> **Übrigens:** Die Haupteinkaufsstraßen der Altstadt **schonen das Portemonnaie** des Urlaubers. Geld könnte man höchstens in Schmuckgeschäften lassen, ansonsten fehlen attraktive Souvenirangebote.

Zypern zu verhindern, wurden prophylaktisch Bischöfe und Priester gehängt. Dem Erzbischof ließ man die Ehre einer Enthauptung zukommen.

Ein anderes Berlin

Schon seit vielen Jahrzehnten hat sich unweit der Kirche eine kleine Bar unmittelbar an der hier in weiß-blau gehaltenen Mauer etabliert, die Nord und Süd trennt. Sie hat nichts von der Perfektion der einstigen deutschen Mauer, wirkt mit Sandsäcken und leeren Ölfässern als Befestigungen brüchig und improvisiert. Wer sich für ein paar Minuten auf einen Kaffee im **Berlin Wall No. 2** 11 niederlässt, den jungen griechisch-zypriotischen Soldaten bei ihrem gelangweilten und äußerst lockeren Wachdienst beobachtet, nimmt den Widersinn der Inselteilung hautnah wahr.

Die Grenze

Kurz vor der Grenze beim **Checkpoint Lídra Street** 12 steht mitten auf der Straße ein unscheinbares Denkmal. Eine Spirale griechischer Buchstaben zitiert aus der Erklärung der Menschenrechte. Viele Buchstaben sind herausgebrochen und liegen übers Denkmal verstreut. Zwischen den Eingangstüren zur Tourist-Information steht das Wort »Peace« an der Wand. Schräg gegenüber versteckt sich hinter dem griechisch-zypriotischen Kontrollposten ein winziger verglaster Raum, in dem Fotos an die über 1500 seit dem Sommer 1974 vermissten griechischen Zyprer erinnern, die entweder von den Türken (so die offizielle Version) oder vielleicht auch von eigenen Landsleuten (als Kollaborateure) ermordet wurden.

Die griechisch-zypriotischen Grenzer wollen beim Verlassen ihres Inselteils nicht einmal die Ausweise der Passanten sehen. Auch das ist eine politische Geste: An einer Grenze, die man nicht als solche anerkennt, kann man auch keine Ausweiskontrollen durchführen. Auf dem Rückweg ist das etwas anders: Da kontrolliert man zumindest stichprobenartig die Nationalität der Passanten und führt manchmal eine Zollkontrolle durch: Wer nach griechisch-zypriotischer Ansicht illegal auf die Insel eingereist oder visumpflichtig ist, kann hier zurückgewiesen werden.

Kathedrale der Gotik

Der monumentalste Bau Nicosias wirkt wie aus Frankreich in die Levante versetzt. Die aus dem französischen Aquitanien stammenden Lusignans, die im 14. und 15. Jh. als Könige auf der Insel herrschten, ließen die Sophien-Kathedrale 1208–1236 im gotischen Stil erbauen. Die Türken setzten den Türmen nach ihrer Eroberung der Insel 1571 Minarette auf, schlugen Gebetsnischen in die Südwand, rollten Teppiche aus, zerstörten bildlichen Schmuck, bauten einen Mihrab als Gebetskanzel ein – und fertig war die **Selimiye-Moschee 13**. Über großen Zuspruch kann sich der Imam nicht freuen: Die meisten türkischen Zyprioten gehen selten bis nie in die Moschee, halten Religion für eine strikte Privatangelegenheit. Fundamentalisten finden hier keinen Nährboden. Trotzdem nutzt man auch hier die Betstätte für eine politische Demonstration: Zwischen den beiden Minaretten hängen an einem Seil die Flaggen der Türkei und Nordzyperns so, dass man sie auch von Süd-Nicosia aus deutlich sieht.

Kunst statt Kamele

Noch während der britischen Kolonialzeit zwischen den beiden Weltkriegen waren Dromedare ein wichtiges Transportmittel auf der Insel. In vielen Städten und Dörfern gab es eine Karawanserei (trk. *han*), wo Mensch und Tier nächtigen konnten und die Waren sicher verstaut waren. Im zweigeschossigen **Büyük Han 14** aus dem 16. Jh. sind jetzt zahlreiche türkische und türkisch-zypriotische Kunsthandwerker und ein stimmungsvolles Lokal (Sedir Han, s. u.) angesiedelt.

Hier bemerkt man immer wieder deutlich die Zeichen der inzwischen begonnenen Normalisierung: Griechisch-zypriotische Fremdenführer führen ausländische Urlauber aus dem Süden hierher und zeigen ihnen dieses schöne osmanische Bauwerk als panzypriotisches Kulturerbe!

Öffnungszeiten

Shakolas Tower 9: Odós Arsinóis, Juni–Aug. tgl. 10–20, sonst 9.30–17 Uhr, Eintritt 0,85 €.
Selimiye-Moschee 13: Tagsüber außer zu Gebetszeiten frei zugänglich, Schuhe ausziehen!
Büyük Han 14: Mo–Fr 8–21 Uhr, Sa 8–16 Uhr, Eintritt frei.

Essen und Trinken

Sedir Han 1: Im Büyük Han, Nord-Nicosia, Mo–Fr mindestens 9–18, Sa 9–16 Uhr. Ravioli ca. 6 €. Stimmungsvoll im Innenhof der Großen Karawanserei gelegen. Täglich vor den Augen der Gäste frisch hergestellte Ravioli, wahlweise mit Käse- oder Hackfleischfüllung. Die junge Wirtin spricht auch Deutsch.
Heraclís 2: Odós Lídras 110, Südnicosia, tgl. ab 10 Uhr, Eisbecher ab 3,50 €. Das berühmteste genuin zypriotische Eis, ganz ohne künstliche Aroma- und Konservierungsstoffe, in zahlreichen Geschmacksvarianten. Viele Spielmöglichkeiten für Kinder auf der Gartenterrasse.

Nicosia

Sehenswert

1 Laikí Geitoniá
2 Omeriye-Moschee
3 Hadjigeorgákis Kornésios-Haus
4 Kathedrale Ágios Ioánnis
5 Städtisches Kunstzentrum
6 Cyprus Museum (Zypern-Museum)
7 Mevlevi Tekke
8 City Hall (Rathaus)
9 Shakólas Tower
10 Panagia Faneromenis
11 Berlin Wall No. 2
12 Checkpoint Lídra Street
13 Selimiye-Moschee
14 Büyük Han
15 Arabahmet-Viertel
16 Erzbischöflicher Palast
17 Byzantinisches Museum
18 Ethnografisches Museum
19 EOKA Museum

Übernachten

1 Sky
2 Centrum

Essen und Trinken

1 Sedir Han
2 Heraclís
3 Matthéos
4 Kiosk
5 Cafe Garden

Ausgehen

1 Enallax
2 Xefóto

Sport und Aktivitäten

1 Omeriye-Bäder

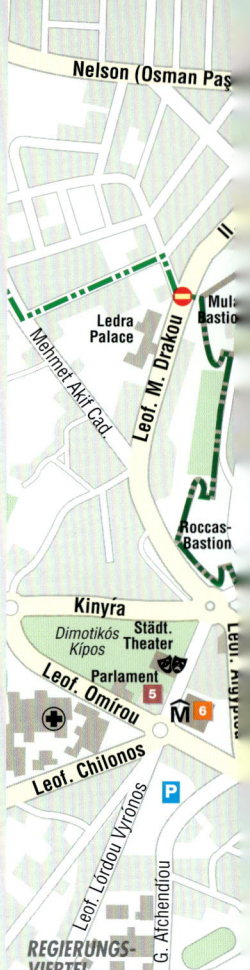

pen an ihre Rituale und Trachten. Außerdem wird türkisch-zypriotische Volkskunst gezeigt.

Arabahmet-Viertel 15

Nord-Nicosia, Sahalı Şevket Sokağı
Vor nicht allzu langer Zeit frisch restauriert, ist die Gegend rund um die Arabahmet-Moschee jetzt das schönste historische Viertel der Altstadt. Man hat es nicht kommerzialisiert, sondern als ruhiges Wohnviertel erhalten.

Übernachten

Preishit – **Sky** 1: Süd-Nicosia, Odós Solónos 7 C, Tel. 22 66 68 80, www.sky hotel.ws, DZ Ü/F 77 €, ab zwei Übernachtungen 65 €. 24 einfach, aber geschmackvoll möblierte Zimmer mit kleinen Balkonen direkt am Rand des Altstadtviertels Laikí Geitoniá.

Besonders freundlich – **Centrum** 2: Süd-Nicosia, Odós Pasikrátous 15, Tel. 22 45 64 44, www.centrumhotel.net, DZ Ü/F 99 €. Ein gepflegtes, freundli-

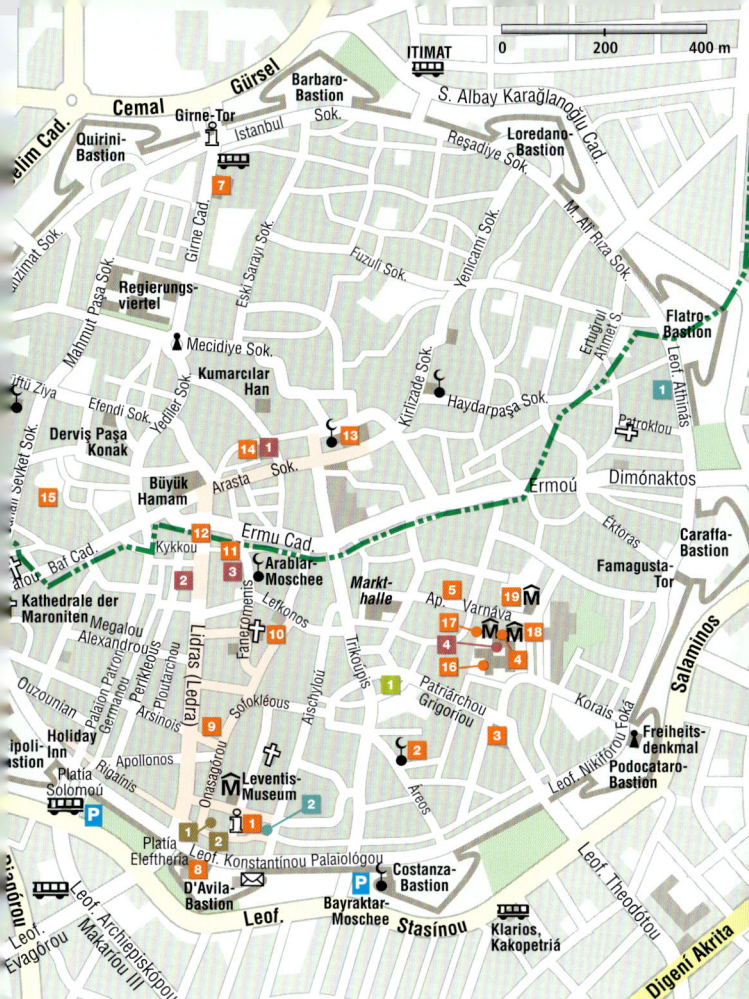

ches, modernes Hotel mit 40 Zimmern. Gutes Frühstücksbuffet, einen Wasserkocher, Tee und Kaffee gibt es in den Zimmern, außerdem freier Internet-Zugang, sogar ZDF-Empfang. Ausgezeichnetes Preis-Leistungs-Verhältnis, rechtzeitige Reservierung ist daher dringend anzuraten!

Essen und Trinken
Sedir Han **1** und **Heraclís** **2**: s. S. 33
Volkstümlich – **Matthéos** **3**: Süd-Ni-

cosia, Odós Léfkonos 6, Mo–Sa 8–16 Uhr, Hauptgerichte 6–8 €. Exzellente, familiär geführte Tagestaverne. Große Auswahl an gekochten Gerichten.
Kiosk **4**: s. S. 38.
Cafe Garden **5**: s. S. 41.

Einkaufen
Haupteinkaufsstraßen sind die **Lidra Street** im südlichen Teil von Nicosia und die **Arasta Sokağı** im nördlichen Teil. ▷ S. 42

Cityplan: S. 34 | **Dauer:** Innenbesichtigung von einer halben Stunde

Was die Orthodoxie so anders macht als das westliche Christentum

Was die Orthodoxie so anders macht als das westliche Christentum und was besonders die zypriotische Kirche auszeichnet, können Sie in dieser kleinen orthodoxen Kathedrale am besten verstehen. Sie gleicht einem Bilderbuch zypriotisch-orthodoxer Vorstellungswelt und Ideologie.

Äußeres Bild

Die 1665 erbaute **Kathedrale Ágios Ioánnis** 4 nimmt den Platz der Kirche eines Benediktinerklosters ein, von der noch das Wappen des Königshauses der Lusignans und ein Kreuzigungsrelief über dem Westportal zeugen. Der Glockenturm entstand 1858, als es wieder erlaubt war, Kirchtürme zu bauen.

Eintritt in eine andere Welt

Das Kircheninnere ist vollständig mit biblischen Szenen und Heiligendarstellungen ausgemalt. Im Osten des Kirchenschiffs trennt eine vergoldete, reich beschnitzte hölzerne Bilderwand, die Ikonostase, den Kirchen- vom Altarraum als Allerheiligstem, in dem sich bei der Abendmahlsfeier ein Wunder vollzieht: die Verwandlung von Brot und Wein in Leib und Blut Christi. Die reich mit Ikonen geschmückte Ikonostase trennt nach orthodoxem Verständnis die Gläubigen aber nicht von diesem Ort des Mysteriums, sondern leitet ihn geistig dorthin über. Beim Blick auf die Heiligen wird er meditativ in diese andere Welt überführt, die im Altarraum ihre Kraft entfaltet.

Aufbau der Ikonostase

Bilderwände können unterschiedlich konstruiert sein, allen gemeinsam ist die Anordnung der wichtigsten Ikonen. Rechts von der Mittelpforte hängen immer zuerst Christus und Johannes der Täufer, links von ihr zuerst Maria mit dem Kind und dann fast immer die Ikone des Heiligen oder des Ereignisses, dem die Kirche geweiht ist – hier Johannes der Evangelist. Darüber hängen kleinere, die immer die 12 wichtigsten Kirchenfeste von Mariä Verkündigung bis zur Höllenfahrt Christi zeigen.

Ikonen im Detail

Ein wesentlicher Bestandteil aller Ikonen, die sie von westlicher Sakralmalerei unterscheidet, ist ihre Beschriftung. Auf ihnen steht stets der Name des Heiligen, der dargestellt ist. Das ist eine Folge des Bilderstreits (Ikonoklasmus) im 7./8. Jh. Damals waren viele Ikonen und Fresken von Bilderfeinden als nicht gottgefällig vernichtet worden. Sie beriefen sich auf das zweite Gebot Mose. Die Bilderfreunde hielten dagegen, dass Gott ja ein lebendiges Bild seiner selbst in Gestalt Jesu gesandt habe und daher nicht bilderfeindlich sein könne.

Um den bilderfeindlichen Gott des Alten Testaments mit dem des Neuen Testaments für alle sichtbar in Einklang zu bringen, verbinden sich in allen Ikonen Wort und Bild miteinander. Christus wird zudem durch eine Besonderheit in seinem Nimbus, also dem Heiligenschein, hervorgehoben. Nur in seinem Nimbus, gleich, ob als Neugeborener oder am Kreuz, stehen stets die drei griechischen Buchstaben O ΩN – zu übersetzen mit »Der ewig Seiende«.

Alles ist voller Bedeutung

Ikonen und Wandmalereien der Orthodoxie lassen anders als die Sakralmalerei des Westens dem Künstler nur wenig Freiheiten. Viele Details der Motive sind genau festgelegt und treffen theologische Aussagen. Das wird am großflächigen, figurenreichen Bildfeld der Kreuzigung an der linken Seitenwand besonders deutlich. Aus den Fußmalen Jesu fließt Blut auf einen Totenschädel hinunter. Der liegt in einer Höhle, über der das Kreuz errichtet wurde. Es ist der Schädel Adams im Totenreich, der durch Jesu Opfer zum ewigen Leben erweckt wird. Damit wird stellvertretend der ganzen Menschheit die Erlösung verheißen. Aus anderen Wunden fließen Wasser und Wein zugleich, die Engel in Kelchen auffangen. Das ist eine Anspielung auf die Eucharistiefeier der Gemeinde, an der Teil zu haben den Menschen das ewige Leben verspricht.

Kirche und Politik

Die orthodoxe Kirche ist nicht nur aufs Jenseits fixiert. Sie verfolgt auch weltliche Interessen. So stehen an der rechten Längswand gegenüber der Kreuzigungsdarstellung vier Ehrensitze. Der prächtigste ist für den zypriotischen Erzbischof bestimmt, der linke für den zypriotischen Präsidenten und die beiden rechten für den Botschafter Griechenlands und seine Gemahlin. So wird die auf Zypern noch immer enge Verbindung zwischen Staat und Politik unterstrichen und die Fixierung der griechischen Zyprer auf Griechenland als Mutterland. Das vierteilige Bildfeld an der Wand über dem Ehrenplatz des griechischen Botschafterpaares betont hingegen die Eigenständigkeit der zypriotischen Kirche, die als älteste Nationalkirche der Christenheit gelten darf. Seit dem späten 5. Jh. war sie ja keinem der frühchristlichen Patriarchen mehr unterstellt, sondern galt als autochthon, also selbstständig.

Wie es dazu kam, verkünden die vier Malereien. Im Bildfeld links oben erscheint der Apostel Barnabas dem zypriotischen Bischof Anthemios im Traum und erklärt ihm, wo sein Leichnam zu finden sei. Im Bildfeld daneben findet Anthemios den auch nach 400 Jahren noch unverwesten Leichnam des Apostels, der ein vom Evangelisten Matthäus handgeschriebenes Evangelium in den Händen hält. Im dritten Bildfeld bringt Anthemios dieses Manuskript zum byzantinischen Kaiser Zenon als Beweis dafür, dass die zypriotische Kirche vom Apostel selbst gegründet wurde. Im letzten Bildfeld erhält Anthemios dafür vom Kaiser die Privilegien, die dem Erzbischof Zyperns als einzigem orthodoxen Bischof der Welt bis heute noch zustehen: wie der Kaiser darf er mit roter Tinte unterschreiben, ein purpurfarbenes Gewand tragen und statt des Bischofsstabes ein Zepter führen.

Sehenswert rund um die Kathedrale

In den monumentalen **Erzbischöflichen Palast** 16, auf dessen Gelände die Kirche steht, zog Erzbischof Makários III. 1960 als erster Hausherr ein. Sein Denkmal vor der Hauptfront zeigt ihn in vollem Ornat. Neben dem Zugang

zum Kirchhof stehen in einer gläsernen Garage zwei Fahrzeuge, in denen sich Makários chauffieren ließ: ein Mercedes 600 und – noch pompöser – ein Cadillac Fleetwood. Das Kennzeichen beider Fahrzeuge ist A.K., also Archiepískopos Kýprou. Teil des Erzbischöflichen Palastes ist das **Byzantinische Museum** 17 mit über 100 der wertvollsten Ikonen Zyperns. Die älteste, Nummer 1 im ersten Saal, wird ins 8./9. Jh. datiert. Im zweiten Saal sind sechs Mosaiken aus dem 5. Jh. zu sehen.

Das an die Kirche angrenzende **Ethnografische Museum** 18 ist in den alten erzbischöflichen Palast eingezogen. Man sieht Stickereien, Webarbeiten und Trachten, Möbel, Schmuck, Keramik und Geräte sowie Gemälde, die alte Volksbräuche schildern.

Nur 40 m von der Kirche entfernt liegt das **EOKA Museum** 19, Ausstellung und Gedenkstätte zugleich. Neben Dokumenten und Fotos aus der Zeit des Unabhängigkeitskampfes (1955–60) sieht man den Nachbau der Galgenkammer, in der die Briten 17 Widerstandskämpfer hängten. Kindern sollte man den Besuch nicht zumuten.

Infos

Kathedrale Ágios Ioánnis 4 :
Platía Archiepískopou Kyprianoú,
Mo–Fr 8–13, Sa 8–12 Uhr, Eintritt frei.
Byzantinisches Museum 17 : Mo–Fr 9– 16.30, Sa 9–13 Uhr, Eintritt 4 €.
Ethnografisches Museum 18 : Di, Do, Fr 8.30–15.30, Mi 8.30–17, Sa 9.30– 15.30 Uhr, Eintritt 1,70 €.
EOKA Museum 19 : Mo–Fr 8–14 Uhr, Sept–Juni Do auch 15–17.30 Uhr, Eintritt frei.

Verhalten in Kirchen

Miniröcke und zu tiefe Ausschnitte sind für Frauen unpassend, das gleiche gilt

für Shorts bei Männern. Vor einer Ikone stehend verschränkt man weder Beine noch Arme, man wendet ihr auch nicht unmittelbar den Rücken zu. Kerzen dürfen auch Nicht-Orthodoxe gern entzünden.

Hunger und Durst

Kiosk 4 : Gegenüber vom Südportal der Kirche betreibt eine alte Dame in einem ebenerdigen Raum des Erzbischöflichen Palastes eine Art Kiosk, an dem sie Postkarten, Eis und Erfrischungsgetränke verkauft. Sie hat das Geld nötig, denn die Kirche verlangt von ihr 100 € Miete im Monat.

3 | Ein Gang durch 9000 Jahre – das Zypern-Museum

Cityplan: S. 34 | **Dauer:** Museumsrundgang von 1–2 Std.

Das Cyprus Museum 6 , das bedeutendste archäologische Museum der Insel, ist angenehm überschaubar und erfreulich gut gegliedert. Hier erleben Sie in 14 Sälen einzigartige Kunstwerke aus 9000 Jahren Geschichte, erfahren aber auch viel über das Leben, die Wirtschaftsgüter und Begräbnissitten im Zypern der Antike.

Frühe Kreuze, alte Riten

Die beiden ersten Säle sind Funden aus der Jungstein- und der Bronzezeit vorbehalten. Das älteste Zeugnis menschlichen Kunstsinns auf der Insel sind eine verzierte steinerne Schale (Nr. 18) aus Andesit in einer Vitrine in der Mitte der rechten Längswand. Sie erschien den Menschen jener Zeit so wertvoll, dass man sie reparierte, als sie einmal in zwei Teile zerbrach. Auf jeder Seite der Bruchkante bohrte man je zwei Lö-

cher und fügte sie mit Zapfen wieder zusammen.

Erste Zeugnisse menschlichen Glaubens auf Zypern sind kleine Figuren aus Speckstein in der Vitrine gleich links vom Zugang. Dass sie wohl als Amulette getragen wurden, zeigt eine der Figuren, die selbst eine andere als Amulett um den Hals trägt. Eigenartig berührend sind Amulette, die aus zwei kreuzförmig übereinander liegenden Figuren bestehen – und das schon 2000 Jahre vor Christi Geburt.

Im Zentrum von **Saal 2** stehen Tonmodelle von Heiligtümern aus der Zeit um 2000 v. Chr., die verraten, was in ihnen vorging. Eins zeigt einen Menschen neben einem brusthohen Tongefäß, das vor einer Wand steht, in die reliefartig drei mächtige, sich nach oben verjüngende Pfeiler hineingearbeitet sind, die über dem Abschluss der Wand als vollplastische Stierköpfe heraustreten. Das Gefäß scheint zum Inventar des Heiligtums zu gehören und diente der Aufnahme von Opferflüssigkeiten wie etwa Öl, Milch oder auch Stierblut. Ein zweites Tonmodell ist eine Schale von 30 cm Durchmesser, die von 19 menschlichen und vier Tierfiguren belebt wird. Ein Tor führt ins Heiligtum hinein, das offenbar nicht jeder betreten darf: Eine Figur ist rechts neben dem Tor an der Schalenwand, an der Mauer des Heiligtums also, emporgeklettert, um einen neugierigen Blick auf die darin ablaufenden Kulthandlungen zu werfen.

Gleich neben diesen beiden Modellen steht zudem noch ein Terrakottamodell, das Menschen bei bäuerlichen Tätigkeiten darstellt: Zweimal ziehen je zwei Stiere einen hölzernen Pflug über den Acker. Dahinter hütet ein Mensch einen Widder, zwei weitere Figuren halten gemeinsam ein siebähnliches Gerät.

Keramik und Terrakotta-Armee

Saal 3 stellt dann epochenübergreifend die Entwicklung der zyprischen Vasenmalerei dar. Besonders schön und typisch sind die Gefäße im sogenannten Free-field-style des 8./7. Jh. v. Chr., die zumeist abstrahierte Vögel zeigen. Einzigartig ist ein vielfarbiger Fayence-Rhyton aus dem 13. Jh. v. Chr. mit Darstellungen von Tieren und Jägern, die teils aufgemalt, teils in Einlegearbeit oder Emailtechnik ausgeführt wurden (links in der ersten freistehenden Vitrine).

Im kleinen, runden **Saal 4** überraschen Hunderte von Terrakottafiguren aus der Zeit zwischen 625 und 500 v. Chr. den Besucher. Sie erinnern an die berühmte chinesische Terrakotta-Armee. Einige sind lebensgroß, andere nur 10 cm klein. Dargestellt sind überwiegend Männer, Stiere und Streitwagen. Archäologen fanden sie in einem Heiligtum im Nordwesten der Insel, wo sie von Gläubigen den Göttern offenbar

als Votivgaben dargebracht worden waren.

Von starr bis erotisch

Die Säle 5 und 6 sind Skulpturen vorbehalten. Diejenigen aus archaischer Zeit erinnern in ihrer Starrheit noch an ägyptische und vorderasiatische Vorbilder. Wie kostbar Metall in der Antike war, demonstriert in **Saal 6** die übermannshohe Bronzestatue des römischen Kaisers Septimius Severus (193–211): Der Kopf war austauschbar, so dass die Figur auch nach einem Herrscherwechsel weiter verwendbar war. Dass erotische Darstellungen aus dem Altertum nicht nur an indischen Tempeln wie Kajuraho zu finden waren, beweist die Rückseite eines Reliefs mit dem Kopf des Dionysos . Da überrascht man ein Paar beim artistisch anspruchsvollen Paarungsakt.

Wenig erotisch ist hingegen die unübersehbare Marmorstatue der schönen Liebesgöttin Aphrodite von Soli aus dem 1. Jh. n.Chr., die auch auf vielen zypriotischen Postkarten und Prospekten abgebildet ist.

Göttliches Kupfer

Objekte aus Kupfer beherrschen den vorderen Teil des lang gestreckten **Saals 7.** Wie Kupfer als Zahlungsmittel eingesetzt wurde, zeigen flache Kupferbarren unterschiedlicher Größe in Form gespannter Rinderhäute. Der schwerste wiegt 39,2 kg, die kleinsten sind nur etwa 8 cm lang und 4 cm breit. So nahmen Händler sie wohl im 12. Jh. v. Chr. mit auf Reisen. Wie kostbar Kupfer war, beweist ein solcher Barren, auf dem schützend ein kupferner Krieger mit erhobenem Speer steht. Von der Kunstfertigkeit der Kupfergießer erzählen die hervorragend modellierte Kuh und die Figur des Gehörnten Gottes von Enkomi. Wie Kupfer im Altertum gewonnen und verhüttet wurde, erläutern schließlich Dioramen in **Saal 12.**

Gräber und Bestattungsriten

Stufen führen aus Saal 7 hinunter in **Raum 8,** wo im Halbdunkel verschiedene zyprische Grabtypen nachgebaut sind. Skelette und Knochen veranschaulichen die Fundsituation. Gleich daneben führen Stufen aus Saal 7 hinauf in **Raum 11.** Er widmet sich ganz den Funden aus den antiken Königsgräbern von Salamis aus dem 8. und 7. Jh. v. Chr. Alte Fotos zeigen, was die Archäologen dort vor der Teilung der Insel vorfanden. Die Gräber waren zweiteilig. Zur eigentlichen Grabkammer führte eine breite Zuwegung hinab, *drómos* genannt, die sich nach unten hin verbreiterte. Der Boden der bis zu 24,6 m langen und bis zu 12,8 m breiten *drómoi* bestand aus gestampfter Erde, die Seitenwände waren oft mit Steinplatten oder Ziegeln verkleidet. Der *drómos* endete vor einem kleinen Vorhof *(própylon).* Hier öffnete sich ein Durchlass in die Grabkammer, der mit einem mächtigen Stein verschlossen wurde.

In vielen *drómoi* fanden die Archäologen Skelette von Pferden oder Eseln. Die Pferde waren offenbar reich mit elfenbeinernen oder bronzenen Scheuklappen geschmückt, eins sogar mit dünnen Goldblechen. Auch bronzene Schellen kamen zutage. Aus den Funden lässt sich schließen: Die toten Könige wurden auf einem offenen Wagen bis vor die Grabkammer gefahren. Dort wurde das Oberteil des Wagens mit dem Toten abgenommen, die Zugtiere

wurden zeremoniell geschlachtet. Dem Toten wurden Gaben für die Reise ins Jenseits mit ins Grab gegeben, darunter auch edle Möbel wie die in diesem Saal ausgestellten: Thronsessel, Tisch, Schemel und ein Bett aus (vergangenem) Holz und (erhalten gebliebenem) Elfenbein, verziert mit Silberplatten und Glasfluss. Da die Grabkammern selbst recht klein waren, wurden diese Gaben auf dem Propylon abgestellt. Nach der Beisetzung wurde über Grabkammer und Drómos ein Erdhügel aufgeschüttet. Das hinderte Grabräuber späterer Jahrhunderte freilich nicht, sie leer zu räumen. Die *drómoi* übersahen sie dabei meist, so dass dort die Archäologen am ehesten fündig wurden.

Geburt und Kindheit

Zum Schluss des Rundgangs wird der Besucher wieder aufs Leben eingestimmt. Gleich links neben dem Durchgang zum Kassenraum birgt eine Vitrine mehrere kleine Terrakotten, die Hebammen mit gebärenden Frauen zeigen.

Übrigens: : Der schattige **Stadtgarten Dimotikós Kípos,** 150 m vom Museum entfernt hinter dem Städtischen Theater, ist meist menschenleer. An Sonntagen aber wird er zum farbenfrohen Treffpunkt der vielen indischen, srilankesischen und philippinischen Hausangestellten der Hauptstadt, die sich hier zum Gespräch und Picknick treffen und sogar einen kleinen Flohmarkt betreiben.

Infos

Cyprus Museum `6`: Odós Mousíou 1, Di, Do, Fr 8–16, Mi 8–17, Sa 9–16, So 10–13 Uhr, Eintritt 3,40 €, Zeitbedarf 1–2 Std.

Eine Pause danach

Cafe Garden `5`: Gegenüber dem Museumseingang versteckt sich ein modernes Café mit großer Terrasse hinter Grün und Blüten.

Ausgehen

Versteckt – **Enallax** [1] : Süd-Nicosia, Leof. Athínas (nahe Flatro-Bastion), Tel. 22 43 01 21. Es nennt sich selbst Café und Theater, ist Musiklokal, Show-Venue, Café und Bar. Fr und Sa abends Rock-Musik live.

Sangesfreudiger Wirt – **Xefóto** [2] : Süd-Nicosia, Odós Aischyloú 6, tgl. ab 9 Uhr, Livemusik an mehreren Abenden in der Woche ab ca. 20.45 Uhr. Beliebte Taverne in der Laikí Geitoniá, in der griechische Unterhaltungsmusik auf hohem Niveau präsentiert wird. Oft tanzen Gäste dazu, auch Wirt Andréas geht gern auf die Piste.

Sport und Aktivitäten

Wellness – **Omeriye Hamam** [1] : Süd-Nicosia, Platía Tyllírias, Tel. 22 46 05 70, www.hamambaths.com, Grundgebühr 20 €/2 Std., Anwendungen 20–90 €; Damen Mi, Fr, So, Herren Di, Do, Sa jeweils 9–21 Uhr. Der türkische Hamam aus dem späten 16. Jh. ist heute ein sehr gepflegtes und stimmungsvolles Wellness-Centre mit Dampfbad und verschiedenen Massage- und Beauty-Angeboten.

Infos und Termine

CTO: Süd-Nicosia, Laikí Geitoniá, Odós Aristokýprou, Tel. 22 67 42 64.

Turizm Danışma: Nord-Nicosia, Girne Kapısı (Kyrenia-Tor), Tel. 227 29 94.

Stadtbusse: Stadtbusse wird ein Urlauber nur benötigen, wenn er in der Neustadt wohnt. Zentrale Station aller Stadtbusse im Süden ist der Solomós Square auf der Stadtmauer.

Fernbusse: Verbindungen siehe bei den Zielorten. In Südnicosia gibt es keinen zentralen Busbahnhof. Busse nach Lárnaka, Limassol, Páfos, Pólis, Plátres und Kýkko fahren am Solomós Square ab. Busse nach Kakopetriá, Tróodos, Ayía Nápa und Paralímni starten an der Costanza-Bastion. Der zentrale Bus-

Von der Terrasse der Taverne Erodós in Süd-Nicosia blickt man auf die Omeriye-Moschee

bahnhof für Nordnicosia ist der Yeniseher Terminal, Dogan Sok., an der Straße nach Famagusta. Vom Girne-Tor aus führt Stadtbuslinie 4 dorthin. Busse nach Girne/Kýrenia starten vom Busbahnhof Mo–Sa 8–17 Uhr halbstündlich, nach Famagusta alle 2 Std. Sonntags sowie vor 8 und nach 17 Uhr fahren die Fernbusse vom Girne-Tor ab.

Tamassós und Ayios Iraklídios ► G 6

An der Stelle des Dorfs **Politikó** am Rand der Mesaória-Ebene lag in der Antike das Zentrum des Stadtkönigreiches Tamassós, das wegen seines Kupferreichtums gerühmt wurde. Links der ins Dorfzentrum führenden Straße liegen die **Königsgräber von Tamassós** (April–Okt. tgl. 9–17, Nov.–März tgl. 8.30–16 Uhr, Eintritt 1,70 €) aus der Zeit um 630 v. Chr. Sie ahmen in Stein die Holzarchitektur jener Zeit nach. Deutlich zu erkennen sind die Scheinfenster und -türen.

Am entgegengesetzten Dorfrand steht das Nonnenkloster Ágios Iraklídios, ein Paradiesgarten für Blumenfreunde (tagsüber geöffnet, 12–15 Uhr geschl., Eintritt frei). Ältester Teil ist die Kreuzkuppelkirche (14. Jh.), entstanden über den Fundamenten einer frühchristlichen Basilika. In ihr führt eine Treppe in eine Höhle hinab, in der der hl. Iraklídios, erster Bischof von Tamassós, beigesetzt wurde. Im Klosterladen kann man Marzipan kaufen, das die Nonnen herstellen.

Kloster Machairá ► F 7

Das in 800 m Höhe in völliger Einsamkeit in einem Wald gelegene Mönchskloster **Panagía toú Machairá** ist nur über eine extrem kurvenreiche Piste zu erreichen (Mo, Di, Do 9–12 Uhr). Das 1172 gegründete Kloster wurde nach einem Brand 1892 neu erbaut; die Kirche erst Ende der 1980er-Jahre vollständig ausgemalt. Eine Klosterzelle erinnert an den Freiheitshelden Grigóris Afchendíou, der im März 1958 von den Briten in einer Höhle 20 Gehminuten vom Kloster getötet wurde.

Asinoú ► E 6

Asínou ist eine Gemarkung in der Bergeinsamkeit oberhalb des Dorfes Nikitári. Hier steht die **Panagía Forvíotissa.** Dem kleinen Scheunendachkirchlein sieht man von außen nicht an, dass es der Höhepunkt jeder Kunstreise durch Zypern ist. Bei einem Blick unters Ziegeldach bemerkt man indes, dass sich darunter zwei Kuppeln und zwei Halbkuppeln verbergen. Ein Blick auf die Fassade in der Nähe der Apsis zeigt, dass man schon früher das Bauwerk selbst für zu bescheiden hielt. Um seine einfache Mauerkonstruktion aus Feldsteinen zu vertuschen, überzog man es mit Putz. Darin ritzte man sich rechtwinklig schneidende Linien ein. So entstand der Eindruck, die Kirche sei aus großen Steinblöcken errichtet. Betritt man die Kirche, wird man von der ganzen Bilderwelt der Orthodoxie umfangen. Der Innenraum ist vollständig ausgemalt, die Farben leuchten so frisch wie am ersten Tag – und der liegt schon fast 900 Jahre zurück. Sie wurden nicht etwa restauriert, sondern nur gereinigt. Die ältesten können in die Jahre 1106/07 datiert werden, andere sind aus dem 14. Jh. Das Fotografieren ist in der Kirche verboten, um die Fresken nicht zu schädigen. (Mo–Sa 9.30–12.30 und 14–16 Uhr, So 10–13 und 14–16 Uhr).

Lárnaka und der Osten

Lárnaka ▶ J 7

Die Hafenstadt, seit 1970 von 21 000 auf 72 000 Einwohner angewachsen, ist Urlauberzentrum und Industriestadt zugleich. Am östlichen Stadtrand stehen die großen Tanks der Mineralölunternehmen, am nördlichen ist eine Freihandelszone entstanden. Andererseits wird schon die herrliche Palmenpromenade am Rand der Altstadt von einem breiten Sandstrand gesäumt. Das macht Lárnaka ideal für einen kombinierten Bade- und Städteurlaub. In der Antike stand die phönikische Stadt Kítion an dieser Stelle, im 19. Jh. war Lárnaka Zyperns bedeutendster Hafen und mit fast 8000 Einwohnern beinahe so groß wie Nicosia.

Europa-Platz **1**
Platía Evrópis
Die landseitige Häuserzeile vermittelt einen guten Eindruck vom Aussehen Lárnakas im späten 19. Jh. In den alten Zolllagerhäusern mit ihren fünf Giebeln sind heute ein **Paläontologisches Museum** mit großer Fossiliensammlung (Di–Fr 9–14, Sa, So 9–12 Uhr, Juni–Aug. So geschl., Eintritt frei) und die **Städtische Kunstgalerie** (Di–Fr 9–16 Uhr, Sa 10–13 Uhr, Eintritt frei) untergebracht. Das Gebäude mit den drei Giebeln beherbergt das Bezirksgericht. Davor steht eine Bronzestatue des 352 v. Chr. im antiken Kiti geborenen Philosophen Zenon, der als Begründer der stoischen Philosophie gilt.

Pierídes-Museum **2**
Odós Zinónos Kitiéos 4, Mo–Do 9–16, Fr–Sa 9–13 Uhr, Eintritt 2 €
In einer Villa aus dem 19. Jh. gibt die Sammlung mit 2000 Objekten einen Überblick über die zypriotische Kunstgeschichte seit der Jungsteinzeit. Hinzukommen historische Landkarten und im Garten moderne zypriotische Bildhauerkunst.

Lárnaka Fort **3**
Odós Ankara, Juni–Aug. tgl. 9–19.30, Nov.–März tgl. 9–17, sonst tgl. 9–18 Uhr, Eintritt 1,70 €
Im Innenhof der um 1625 entstandenen türkischen Festung unmittelbar am Wasser sind steinerne Schiffsanker und viele Kanonen zu sehen; in einem Ausstellungsraum werden einige wenige Funde und Fotos von Ausgrabungen in der Umgebung der Stadt gezeigt. Gleich im Torbau kann man rechts einen Blick in eine von den britischen Kolonialherren bis 1945 genutzte Galgenkammer werfen.

Kirche Ágios Lázaros **4**
Odós Dionysou, tgl. 8–12.30, 14.30–18.30 Uhr (Sept.–März 14.30–17 Uhr)
Lazarus, der durch Jesus von den Toten Erweckte, war der erste Bischof von Kítion, der antiken Vorläuferstadt von Lárnaka. Im 9. Jh. entdeckte man hier einen Sarkophag mit der Inschrift ›Lazarus, der Freund Christi‹. Im 10. Jh. entstand die Kirche, in deren Krypta noch heute der Sarkophag gezeigt wird.

Bemerkenswert ist die reich geschnitzte Ikonostase.

Archäologisches Museum 5

Odós Kalogréon, Di, Do, Fr 8–15, Mi 8–17, Sa 9–15 Uhr, Eintritt 1,70 €
Am eindrucksvollsten ist die Vielzahl antiker Sarkophage.

Ausgrabung von Kítion 6

Eingang: Odós Leondíou Machéra, Mo–Fr 8–14.30, Mi bis 17 Uhr, Eintritt 1,70 €
Die freigelegten Grundmauern sind für den Laien sehr verwirrend. Sie gehören zu einem phönikischen Astarte-Tempel, der von Kupferschmelzöfen und Werkstätten umgeben war.

Hala Sultan Tekke 7

Am Salzsee, 5 km westlich der Stadt, Juni–Aug. tgl. ab 8 Uhr, Juni–Aug. bis 19.30, Nov.–März bis 17, sonst bis 18 Uhr, Eintritt frei (Schuhe ausziehen!)

Die schönste Moschee Zyperns liegt in einem kleinen Palmenhain am Westufer des Salzsees von Lárnaka. Sie ist das bedeutendste islamische Heiligtum auf der Insel, denn 649 stürzte hier eine enge Verwandte des Propheten Mohammed während der arabischen Invasion Zyperns vom Pferd und starb. Daraufhin schwebten drei große Steinplatten aus Jerusalem heran und bildeten ein Grab für sie. 1816 schuf man die Moschee mit ihrem kleinen Garten und einfachen Pilgerherbergen.

Strände

Stadtstrand vor der Palmenpromenade: Überwiegend Sand, Liegestühle (2,50 €) und Sonnenschirme (2,50 €/Tag). Kinderfreundlich, noch nach 40 m nur hüfttief.
Strände östlich von Lárnaka: Grobsand und Feinkies, wenig attraktives Hinterland. Am besten ist noch der **CTO-Beach** (Larnaca Tourist Beach)

Die Kirche Ágios Lázaros überragt die Altstadt von Lárnaka

Lárnaka

Sehenswert
1 Europa-Platz
2 Pierídes-Museum
3 Lárnaka Fort
4 Kirche Ágios Lázaros
5 Archäologisches
  Museum
6 Ausgrabung von Kítion
7 Hala Sultan Tekke

Übernachten
1 Achilléos
2 Livadhiotis City
3 Sun Hall

Essen und Trinken
1 Stoá
2 Art Café 1900

Einkaufen
1 Cyprus Handicraft Service

Ausgehen
1 Savino Cocktail Bar
2 Moti Mahal

Sport und Aktivitäten
1 Finikoúdes Water Sports

östlich des Hotels Golden Bay (Endhaltestelle der Stadtbuslinie).

Übernachten

Familiär – **Achilléos** **1**: Odós Mítsi, Tel. 24 62 41 50, www.achilleos-hotel.com, DZ 35, Nov.–März 30 €. Zentral und relativ ruhig. Schlichte Hotel-Apartments in einem Altstadtneubau, Dachgarten, Sauna, 20 Zimmer.

Modern und zentral – **Livadhiotis City** **2**: Odós Ni. Roússos 50, Tel. 24 62 62 22, www.livadhiotis.com, DZ Ü/F 75 €. Direkt an der Lazarus-Kirche gelegen (Zimmer mit den Endziffern 20 und 21 haben Kirchenblick), WLAN kostenlos, gute Parkmöglichkeiten, 58 Zimmer.

Das größte – **Sun Hall** **3**: Leof. Athinón 6, Tel. 24 65 33 41, www.aquasolhotels.com.cy, tagesaktuell stark schwankende Preise, DZ Ü/F ab 75 €. Größtes Stadthotel direkt an der Uferpromenade. 112 Zimmer.

Essen und Trinken

Für mittags – **Stoá** **1**: Platía Agíou Lázarou, tgl. ab 8 Uhr, Sheftalia im Píta-Brot 5 €, Kotelett 8 €. Das kleine Lokal direkt am Kirchhof der Lazarus-Kirche ist tagsüber eine preiswerte Alternative zu den vielen Lokalen an der Uferpromenade.

Viel Flair – **Art Café 1900** **2**: Odós Stasínou 6 (nahe Pierídes-Museum), Mi–Mo 18–24 Uhr, Hauptgerichte 9,50–11 €. Stilvolles Café-Restaurant in mehreren kleinen Räumen in einem Altstadthaus voller Bücher, Kunst, historischer Fotos und Plakate. Im Erdgeschoss findet man eine sehr gute Wein- und Whiskybar.

Einkaufen

Kunsthandwerk – **Cyprus Handicraft Service** **1**: Odós Kosmá Lysióti 6. Kleiner staatlicher Kunsthandwerks-

laden, dessen Waren garantiert alle aus Zypern stammen.

Ausgehen

Rock-Klassiker – **Savino Cocktail Bar** **1**: Odós Watkins 11, Laikí Geitoniá. Bar mit langem Tresen im restaurierten Altstadtviertel. Wirt Ángelos legt bevorzugt Blues, Jazz und Rock-Oldies auf.

Im Trend – **Moti Mahal** **2**: Leof. Athinón 100, tgl. ab 12 Uhr. Die orientalische Lounge an der Strandpromenade. Tee, Kaffee und Wasserpfeife genießt man hier ebenso wie Drinks und orientalische Snacks wahlweise im Sitzen oder Liegen.

Wer freitags oder samstags am Abend zu **griechischer Live-Musik** zypriotisch essen will, wird an der Lázaros-Kirche fündig. Da gibt es zwei Musiktavernen: Black Turtle Tavern (Tel. 24 65 06 61) und Mousikés Diadromés (Tel. 99 54 39 01). Beide öffnen um 20 Uhr, freitags und samstags beginnt gegen 21.30 Uhr die griechische Livemusik.

Sport und Aktivitäten

Wassersport – **Finikoúdes Water Sports** **1**: Am Hauptstrand nahe dem Fort, Tel. 99 79 00 41. Parasailing, Jet-Skis etc.

Infos und Termine

CTO: Platía Vasiléos. Pávlou, Tel. 24 65 43 22; im Flughafen Tel. 24 00 83 68. In beiden Büros sind auch aktuelle Busfahrpläne erhältlich.

Stadtbusse: Die Linien 6 und 10 der Busgesellschaft P.E.A.L. fahren Mo–Sa mittags mind. 7 x tgl. nach Kíti, Abfahrt Odós Adonídos, Ticket 1,50 €.

Fernbusse: Ab der Uferpromenade schräg gegenüber vom Hotel Sun Hall fahren Linienbusse nach Ayía Nápa

(Mo–Sa 10 x tgl., Juni–Aug. auch So 4 x tgl.), nach Limassol (Mo–Sa mindestens 4 x tgl.) und nach Nicosia (Mo–Fr 7 x tgl., Sa/So 2 x tgl.). Abfahrt der Busse nach Paralímni-Protarás (Mo–Sa 4–8 x tgl.) ab Leofóros Makários gegenüber der Polizeistation.

Kíti ▶ J 8

Das Dorf in der Küstenebene trägt den Namen der antiken Stadt Kítion, die an der Stelle des heutigen Lárnaka lag. Kunsthistorisch bedeutsam ist die Kirche **Panagía Angeloktistós** (Mo–Sa 8–12 und 14–16, Juni–Sept. bis 18 Uhr, Eintritt frei). Man betritt die ›von den Engeln erbaute‹ Kirche durch einen rechteckigen Vorbau mit gotischen Kreuzrippengewölben aus dem 13. Jh. In der einkuppeligen Hauptkirche aus dem 12. Jh. stammt das Apsismosaik aus dem 5./6. Jh. aus einer frühchristlichen Basilika, deren Apsis erhalten blieb und in den späteren Bau einbezogen wurde. Dargestellt ist Maria in prächtigem Gewand auf einem juwelenbesetzten Podest mit zwei wie Himmelsfürsten gekleideten Erzengeln. Auf dem Kirchhof ein schönes Kafenío!

Camel Park Mazótos ▶ H 8

Der Kamelpark liegt 10 km südwestlich von Kíti Richtung Mazótos (tgl. 9–18 Uhr, Tel. 24 99 12 43, www.camel-park.com, Kamelritt ab 9 € (Kinder bis 12 Jahre ab 5 €), Eintritt für Nichtreiter 3 €) Kleine Freizeitanlage mit Pool, Taverne und 50 Dromedaren, auf denen man reiten darf. Erwachsene können im Beduinenzelt eine Wasserpfeife rauchen, Kinder in einer Hüpfburg und auf einem Schiffsnachbau spielen.

Kloster Stavrovoúni
▶ H 7

Weithin sichtbar ragt aus der Küstenebene von Lárnaka ein kegelförmiger Berg fast 700 m auf, auf dessen Gipfel man ein Kloster erkennt. Eine Asphaltstraße führt serpentinenreich hinauf. Wo sie ansetzt, steht links das **Kloster Agía Varvára** (tagsüber frei zugänglich, Zutritt für Frauen nur sonntags). Es ist ein Landgut des Gipfelklosters. Im Klostergarten wird Lotus gezüchtet, die Mönche verkaufen Honig und Oliven.

Das Gipfelkloster **Moní Stavrovoúni** (April–Aug. tgl. 8–12, 15–18, sonst 8–12 und 14–17 Uhr, Eintritt frei. Für Frauen kein Zutritt) wurde bereits 327 gegründet. Die heutigen Bauten des Klosters stammen jedoch von 1890. Größter Schatz der Mönche ist ein Splitter vom Kreuz Christi, den die Kaisermutter Helena der Legende nach für die Klostergründung stiftete, als sie auf der Rückfahrt vom Heiligen Land nach Konstantinopel auf Zypern Station machte.

Ayía Nápa ▶ L/M 7

Der südöstlichste Ort Zyperns, in dem über 2000 Menschen wohnen, lebt weitgehend vom Tourismus – und gilt als heißester Party-Spot der Levante. Das große Plus sind die vielen Sandstrände, die gepflegten Straßen und Hotels – und Zyperns einzige nennenswerte Fahrradwege. Dafür verzichtet mancher Urlauber gern auf historisches Flair und ist relativ weit von den großen Sehenswürdigkeiten der Insel entfernt. Mittelpunkt des Urlauberlebens in Ayía Nápa ist The Square, der zentrale, heute von Bars überragte Platz vor dem Kloster. Wer es beschaulicher möchte, geht zum Fischerhafen, dem *limanáki*,

Ayía Nápa

Sehenswert

1 Kloster Agía Nápa
2 Museum Thalassa
3 Makrónissos-Nekropole

Übernachten

1 Eligónia Hotel
  Apartments
2 Pierre Anne
3 Níssi Beach

Essen und Trinken

1 Nápa
2 Stamná

Ausgehen

1 Bed Rock Inn
2 Carwash
3 Guru Ethnic Bar
4 Castle Club

Sport und Aktivitäten

1 Club Wave Water Sports
2 Waterworld
3 Lunapark

am Rand des von Dünen begrenzten Ortsstrandes. Da liegen sogar das »Yellow Submarine« und das Piratenschiff »Black Pearl« und warten auf Passagiere. Im Winter aber ist Ayia Nápa ganz anders – ein Rentnerrefugium nämlich.

Kloster Agía Nápa 1

Im Zentrum, tgl. 7–23 Uhr zugänglich
Das 1570 gegründete Kloster dient heute als Begegnungsstätte für Christen aus Europa und dem Mittleren Osten. Für die Erfrischung der Besucher sorgt eine als Wasserspeier dienende antike Eberkopfplastik im Klosterhof, vor dem Südtor spendet eine 600 Jahre alte Sykomore Schatten. Die aus Stein gehauenen Porträts am venezianischen Brunnen im Zentrum des Klosterhofs zeugen von Zeiten, als der Umgang mit der Liebe in Ayía Nápa noch nicht so freizügig gehandhabt wurde wie heute: Der dargestellte ältere Herr verweigerte seiner ebenfalls gezeigten hübschen Tochter steinhart eine Liebesheirat, entschädigte sie dafür aber mit den finan-

ziellen Mitteln zur Gründung dieses Klosters.

Museum Thalassa 2

Leofóros Kryou Neroú 14, Juni–Sept. tgl. 9–13, Mo–Sa auch 18–22 Uhr; Okt.–Mai Mo 9–13, Di–Sa 9–17 Uhr, Eintritt 3 €

Modernes Meeresmuseum mit der originalgetreuen und seetüchtigen Rekonstruktion des 2300 Jahre alten Frachtenseglers, dessen Wrack vor Kyrenia geborgen wurde. Außerdem Schiffsmodelle, Kopien antiker Schiffsdarstellungen, Fossilien und Muscheln.

Makrónissos-Nekropole 3

Halbinsel Makrónissos beim Hotel Dome, frei zugänglich

Auf einer kleinen flachen Halbinsel wurden in der hellenistisch-römischen Zeit, also vor 2000 bis 2400 Jahren Tote in Tonsärgen in aus dem Fels gehauenen Schachtgräbern beigesetzt, in die Stufen hinunterführen.

In der Umgebung

Kap Gkréko: direkt 4 ▸ S. 51
Potamós tou Liopetríou (▶ L 7): 9 km westlich. Im fotogensten Fischerhafen der Insel liegen die Boote in einer schmalen Flussmündung, an der auch zwei gute Tavernen stehen.

Strände

Sandy Beach: Etwa 900 m langer Sandstrand, der sich vom Hafen aus vor dem Ortskern nach Osten erstreckt.
Anonymous Beach: Sandstrand 3 km westlich des Ortszentrums von Ayía Nápa.
Níssi Beach: Langer Sandstrand an extrem flacher Bucht, bunt schimmerndes Wasser, 4 km westlich.
Makrónissos Beach: Zwei Sandstrände zu beiden Seiten einer kleinen Halbinsel, 5 km westlich.

Agía Thékla Beach: Kilometerlanger schmaler Strand ohne viel Betrieb, 6 km westlich. Direkt beim Kirchlein Agía Thékla liegt ein kleines Felsinselchen mit Sandstrand 30 m vor der Küste. Schwimmend oder mit hier zu mietenden Tretbooten und Kanus kommt man hinüber.

Übernachten

Zentral – **Eligónia Hotel Apartments** 1: Leof. Kryou Neroú 1, Tel. 23 81 92 92, www.eligonia.com, DZ 60 €, Nov.–März ab 30 €. 22 schlichte Studios in ganz zentraler Lage, kleiner Pool im Innenhof, gut für junge Nachtschwärmer.

Gut im Frühjahr und Herbst – **Pierre Anne** 2: Leof. Níssi, Tel. 23 72 27 30, Vor- und Nachsaison DZ Ü/F 50 €, in der Hauptsaison fest an Veranstalter vergeben. Einfaches Mittelklassehotel mit 94 Zimmern direkt am Strand, mit schönem Pool. Zum Hafen 500 m über die verkehrsfreie Uferpromenade, zum Kloster ca. 900 m. Nur Zimmer zur Meerseite nehmen, die landseitigen schauen auf den nahen Luna-Park und hören ihn. WLAN gegen Gebühr (5 €/Tag).

Der Vorreiter – **Níssi Beach** 3: Am gleichnamigen Strand, 2,5 km westlich vom Zentrum, Tel. 23 72 10 21, www.nissi-beach.com, DZ Ü/F 115–240, Nov.–März ab 52 €. Vor 1974 gegründetes, mehrfach erweitertes Hotel mit schönem alten Garten direkt am Sandstrand. 270 Zimmer.

Essen und Trinken

Gute Atmosphäre – **Nápa** 1: Odós Dimokratías 15, tgl. ab 12 Uhr, Mezé 23 €, vegetarische Platte 9,50 €. Die älteste Taverne im Ort mit schöner Gartenterrasse, freundlicher Service. Originell: Die Wände dienen hier als Gästebuch! ▷ S. 53

4 | Wandern bei Ayía Nápa – Kap Gkréko

Karte: ▶ M 7 | **Dauer:** Wanderung von einem halben Tag

Über ein kleines Naturschutzgebiet im äußersten Südosten der Insel ziehen häufig Vögel im Formationsflug, an den felsigen Ufern spritzt die Brandung in bizarre Meeresgrotten. Wanderwege, raue Pisten und ein Asphaltsträßlein erschließen die Halbinsel, die man noch besser mit dem Mountainbike und zu Fuß erkunden kann als per Auto.

Im Naturschutzgebiet blühen etwa 35 verschiedene Orchideenarten, Krokusse und Herbstzeitlose, Sandlilien, Meerzwiebeln und viele andere mediterrane Pflanzen. Bäume stehen hier kaum. Im Frühjahr und Herbst rasten zahlreiche Vögel in dem überwiegend flachen Gelände mit seinen zwei Tafelbergen, Eidechsen wuscheln überall über den Boden. Schlangen hingegen bekommt man ebenso selten zu Gesicht wie durchaus hier vorkommende Skorpione.

Ein Wunsch nach Frieden

600 m nach der **Abzweigung** `1` der kleinen Asphaltstraße zum Kap von der Hauptstraße weist ein brauner Wegweiser rechts auf den holprigen, 600 m langen Feldweg zu den **Sea Caves** `2`. Die Grotten reihen sich um eine Bucht auf Höhe des Meeresspiegels und sehen aus, als hätten sich die Menschen der Antike hier ihre Anregungen für die Tempelarchitektur geholt. Waagerechte Gesteinsbänder ruhen wie Friese auf säulenartigen Gesteinsstrünken.

Die Asphaltstraße erreicht 1,1 km nach dieser Abzweigung einen Wegweiser zum **View Point** `3`, zu dem ein 800 m langer, gut befahrbarer Feldweg hinaufführt. Nach 300 m Fußweg stehen Sie auf dem höchsten Punkt des Tafelbergs **Cávos** mit seinen weithin sichtbaren, ziegelgedeckten Aussichtspavillons. Die im Jahr 2000 davor aufgerichtete Metallskulptur acht senkrecht auffliegender Vögel ist laut Inschrift Ausdruck eines Wunsches des Bildhauers Filíppos Yiapánis: »Von Zypern an die Welt, von der Erde an alle Ewigkeit, Ein Wunsch nach Friede, Freundschaft, Freiheit. Jubel dem Herrn und der Menschheit!« Die Skulptur ist sicher gelungener als der Text ... Grandios ist der Blick aufs Meer mit Fischerbooten auf dem Wasser und Anglern auf den Küstenfelsen, auch die Meeresgrotten sind von hier wieder zu sehen.

Dem Meer ganz nahe

Die Asphaltstraße gabelt sich 200 m nach der Abzweigung des Feldwegs zum Aussichtspunkt. Geradeaus geht es noch 2 km weiter in Richtung äußerstes Kap, das allerdings mit seiner **Antennenanlage** 4 militärisches Sperrgebiet ist. Direkt auf dem Kap weist ein Leuchtturm Schiffen den Weg.

Von der Straße zum Kap zweigt nach 300 m eine kleine Asphaltstraße zur Kapelle Ágii Anárgyri ab. Am Weg dorthin bildet der **Kamára tou Koráka** 5 ein schönes, von der Brandung ausgespültes Felsentor, das wie eine natürliche Brücke wirkt. Gleich darauf ist die Kapelle **Agii Anárgyri** 6 direkt am Meer erreicht. Schöner als der erst 1992 errichtete Betonbau mit einer Ikone der Arztheiligen Kosmás und Damianaós, die ihre Patienten ›ohne Silber‹ = ›an argyri‹, also kostenlos, behandelten, ist der 41-stufige Weg hinunter direkt ans Wasser, wo man aus einer etwa 15 m langen Felsgrotte dem Spiel der Brandung zuschauen kann. Hier steigen auch oft Taucher ins Wasser.

Wandermöglichkeiten

Wer zu Fuß bis hierher gekommen ist, kann über einen gut erkennbaren Küstenwanderweg 1,4 km weit bis zur Sandbucht **Kónnos Bay** *(Órmos Kónnos)* mit Strandbar und Wassersportstation wandern und von dort mit dem Linienbus nach Paralímni-Protarás oder Ayía Nápa zurückkehren. Eine Alternative ist die Wanderung des an der Kapelle vorbeiführenden, ebenfalls markierten Wanderpfads **Aphrodite Path**, der nach 4 km die Sea Caves erreicht. Von dort führt er an die Kérmia Bay unmittelbar unterhalb der Küstenstraße, auf der auch der Linienbus fährt.

Rundwanderungen sind vom Aussichtspunkt Cávos aus auf dem markierten »Kavos Trail« (2,5 km) sowie von der Kapelle Ágii Anárgyri aus auf dem ebenfalls gut markierten »Agioi Anargyroi Trail« (2,3 km) möglich.

Info

Busverkehr: Viele Busse nach Protarás verkehren auf der Straße, von der die Stichstraße zum Kap abzweigt. Fahrplanauskünfte bei den Info-Büros in Ayía Nápa und Protaras.

Ausrüstung: Im Naturschutzgebiet gibt es keinerlei Verpflegungsmöglichkeiten und kaum Schatten. Speis und Trank sind mitzubringen, eine Kopfbedeckung ist empfehlenswert.

Picknick: Ein großer Grill- und Picknickplatz liegt 200 m von der Kapelle Ágii Anárgyri entfernt.

Preiswertere Alternative – **Stamná** [2]: Odós Dimokratías 8, tgl. ab 12 Uhr, Mezé 18 €, Moussaká 8,90 €. Seit 1983 bestehende Taverne im ältesten Haus des Ortes, traditionelles Flair.

Ausgehen

Disco-Meile neben dem Square ist die **Odós Loúka Loúka** gleich oberhalb des Klosters.

Steinzeit-Flair – **Bed Rock Inn** [1]: Odós Loúka Loúka, www.bedrockinn. com, ab 19 Uhr. Karaoke in Steinzeit-Dekorationen, Barmann im Leoparden-fell, DJ sitzt im Urvogel-Ei.

Die beste Musik – **Carwash** [2]: Odós Agías Mávris 24, ab 1.30 Uhr. Hits von den 1970er-Jahren bis heute, meist sehr voll.

DJ-Restaurant – **Guru Ethnic Bar** [3]: Odós Odyséas Elítis 11, ab 18 Uhr. Drei Bars mit DJ für die Zeit vor dem Discobesuch, gute Cocktails, Crossover-Küche.

Mega-Disco – **Castle Club** [4]: Odós Loúka Loúka, www.thecastleclub.com, ab 1.30 Uhr. Disco in einer nachgebau-ten mittelalterlichen Burg. Angeblich die größte Disco auf Zypern, drei Are-nen.

Sport und Aktivitäten

Wassersport – **Club Wave Water Sports** [1]: Am Hafen, Tel. 99 66 90 02.

Göttlich baden – **Waterworld** [2]: Straße nach Agía Thékla, ausgeschil-dert, April–Okt. tgl. 10–18 Uhr, Eintritt 32 € (Kinder 3–12 Jahre 18 €), www. waterworldwaterpark.com. Ein großes Spaßbad im bombastischen Stil eines Disneylands der Antike, nach Göttern und Heroen sind die Attraktionen be-nannt: Poseidons Wellenbad, Sturz des Ikarus, Taten des Herakles etc.

Viel Rummel – **Luna Park** [3]: An der Straße nach Lárnaka, Mo–Fr 15–1, Sa/So 12–5 Uhr. Vergnügungspark mit

Nicht nur für Disco-Fans bietet Ayía Nápa viel Unterhaltung. Von Ostern bis Oktober finden die **Sunday Festivi-ties** an jedem Sonntagmorgen auf dem Platz vor dem Kloster mit kostenlosen Folklore-Shows statt. Beim **Medieval Festival** stehen die letzten zehn Juni-abende im Zeichen mittelalterlicher Musik am und im Kloster. Zum Höhe-punkt des Jahres gerät das **Ayía Nápa Festival** im September mit Konzerten, Ausstellungen und viel Folklore.

Riesenrad, Achterbahn, Auto-Scooter, Bungee-Rocker, Minigolf und Mini-Eisenbahn.

Für Mutige – **Slingshot**: Im Luna Park, tgl. ab 15 Uhr, Flug inkl. Videoclip und T-Shirt 15 €/Person. Sturz in einer Kap-sel aus 33 m Höhe. Mindestgröße des mutigen Gastes: 100 cm.

Wandern – s. S. 51

Infos und Termine

CTO: Leofóros Kryou Neroú 12, Tel. 23 72 17 96.

Busse: Nach Lárnaka Mo–Sa zwischen 8 und 17 Uhr stündlich, Mai–Okt. auch So 4 x tgl. ab Kloster und Hafen, Fahr-preis 3,50 €. Nach Nicosia Mo–Sa 8 Uhr, Rückfahrt 15 Uhr, Mitte Juni bis Mitte Sept. auch So. Fahrpreis 5,20 €.

Boote: Ausflugsfahrten entlang der Küste bei ruhiger See.

Paralímni-Protarás ▶ L/M 6

Bis zur Teilung der Insel 1974 lag in die-sem Gebiet nur das große Dorf Paralím-ni etwas abseits der Küste. Die Küsten-siedlung Paralímni und das sich Rich-tung Ayía Nápa anschließende Protarás sind erst seit den 1980er-Jahren als rei-ne Ferienorte auf ehemaligen Getreidefeldern und Kartoffeläckern entstanden und haben keinerlei historischen Kern. Beide liegen an einer Reihe kurzer und längerer Sandstrände und sind ausschließlich für einen überwiegenden Badeurlaub geeignet. Rundreisende müssen sie nicht gesehen haben.

Paralímni

An der Platía des Binnenortes, dem größten Dorfplatz Zyperns, stehen drei Kirchen, ein Aussichtsturm sowie ein kleines Freilufttheater, in dem gelegentlich Konzerte und Folklore-Veranstaltungen stattfinden.

Die größte der drei Kirchen, die **Ágios Geórgios** geweiht ist, wurde in den frühen 90er-Jahren innen vollständig im traditionellen byzantinischen Stil ausgemalt. Die mittlere Kirche, ebenfalls dem hl. Georg geweiht, stammt aus dem 19. Jh. Die älteste ist die **Panagía-Kirche,** die schon während der Frankenherrschaft zwischen dem 13. und dem 15. Jh. erbaut wurde (Kirchen unregelmäßig geöffnet).

Essen und Trinken

Zu allem bereit – **Senso:** Platia, tgl. ab 10 Uhr. Das moderne Dorfcafé überrascht mit einer unvermuteten Angebotspalette von Wraps und Nachos über viele Salate bis zu edlen Whiskies und zur Flasche Dom Perignon Rose Vintage 1993 (1000 €).

Protarás

Noch immer liegen rote Äcker, auf denen Windräder Grundwasser pumpen, zwischen den vielen Hotels und Neubauten der Gemarkung Protarás, in der noch vor 25 Jahren nur einige Bauernhäuser standen. Im Gegensatz zur Küstensiedlung von Paralímni besitzt Protarás so etwas wie ein modernes Ortszentrum entlang einer verkehrsberuhigten Straße und mit der Kapelle

Profítis (Ágios) Ilias sogar eine Sehenswürdigkeit, die sich auf für Urlauber aus Ayía Nápa anzusteuern lohnt. Sie erhebt sich weithin sichtbar auf einem niedrigen Fels westlich der Hauptstraße. Ein Stufenweg führt hinauf. Der Blick reicht weit über die ganze Küstenregion bis hin zum leer stehenden ehemaligen Hotelviertel von Famagusta, die Geisterstadt Varosha mit ihren Hochhäusern.

Neben der stets geöffneten, neu im traditionellen Stil ausgemalten Kapelle stehen vier der auf Zypern mehrfach zu findenden **Wunschbäume** (s. auch S. 79). Hier sind sie allerdings touristisch entartet. Angeknotete Stofftaschentücher als Gebetsverstärker sind die Ausnahme, dafür hängen Büstenhalter, Slips und sogar Schuhe und Bierdosen in den Zweigen. An die Äste gehängte

Im Sommer herrscht nachts dichtes Gedränge auf den Straßen von Ayía Napa

Wasserflaschen bergen statt auf Papier geschriebene Gebete Urlaubsgrüße an den lieben Gott …

Strände

Verschieden große, sandige Strandbuchten von der Kónnos Bay im Süden bis nach Paralímni hinauf. An nahezu jeder Bucht stehen große Hotels, Stichstraßen führen an die verschiedenen Strände.

Übernachten

Für eine Nacht – **Happy Days:** Meerseitig an der verkehrsberuhigten Hauptstraße durch das Hotelviertel, Tel. 23 81 40 10, Fax 23 82 07 56, DZ Ü/F im Mai 39–43, im Juli 44–49 €, Klimaanlage 7–16 €/Tag extra. Familiär geführtes Haus mit 14 Apartments und kleinem Pool, ca. 100 m vom nächsten Strand.

Angeschlossen eine Taverne, auch ein Supermarkt und eine Bank im Haus.

Essen und Trinken

Familiär – **Piero's:** Protarás-Cavo Greco Boulevard (am westlichen Ortsende Richtung Kap Greco), tgl. ab 12 Uhr, Hauptgerichte 9,50–16 €, den Hauswein gibt es für 12 €/l. Stimmungsvolle kleine Taverne, einfache hausgemachte Gerichte, Terrasse unter dem Blätterdach eines etwa 25 Jahre alten Weinstocks.

Sehr urig – **Siréna Bay:** An der gleichnamigen Bucht im Norden von Paralímni-Protarás, Mai–Okt. tgl. ab 10 Uhr, Hauptgerichte 9–15, Cocktails 5–10 €, www.serenabaycy.com. Eine der urigsten Tavernen an Zyperns Küsten, direkt am Ufer. Hier fühlt man sich noch weit ab vom Massentourismus. Wirtin Iríni ist Hobbypoetin und hat alle Bäume auf der Terrasse selbst gepflanzt, ihr Mann ist Hobbymaler und -bildhauer und sorgt für die Deko. »Zyperns bestgehütetes Geheimnis« lautet die Eigenwerbung völlig zu Recht.

Ausgehen

Mehrere Clubs und Discos liegen an der verkehrsberuhigten Einbahnstraße durch das Hotelviertel.

Shisha-Bar– **Sfinx Bar:** Protarás-Cavo Greco Boulevard (an der Hauptampelkreuzung), Tel. 23 83 12 77, www.sfinxbar.com, tgl. ab 10 Uhr. Luftige, ganz auf altägyptisch getrimmte Bar, in der man auch eine Wasserpfeife rauchen kann.

Wasserspiele – **Magic Dancing Waters:** Am nördlichen Ende der verkehrsberuhigten Straße durchs Hotelviertel, Zugang neben McDonald's, Tel. 99 62 31 43, tgl. 21 Uhr, Eintritt 15,50 €, mit Buffet 27,50 €. 18 400 Düsen und 480 Scheinwerfer sorgen für spritzige bunte Wasserspiele, die Musikuntermalung dazu stammt von Bach, Beethoven, Theodorakis, Tom Jones …

Sport und Aktivitäten

Tauchen – **Herbie's Diving Paradise:** Odós Pernerá 36, Pernerá/Protarás, Tel. 23 81 42 92, www.herbiesdiving.com. Deutsch- und englischsprachige Kurse für Anfänger und Könner, auch einzelne Tauchgänge buchbar.

Wassersport – **Mike's Water Sports:** Kónnos Bay, Tel. 99 60 58 33, www.mikeswatersports.com.

Reiten – **Moonshine Ranch:** Abseits der Straße zum Kap Greko ausgeschildert, Tel. 99 60 50 42. Esel und Pferde.

Infos und Termine

CTO: An der Einbahnstraße in Protarás, Tel. 23 83 28 65.

Busverkehr: Häufige Verbindung mit Ayía Nápa und Paralímni, außerdem mehrmals tgl. Verbindung mit Lárnaka und 1 x tgl. Nicosia.

Léfkara ▸ G 7/8

Das schöne Dorf besteht aus zwei Ortsteilen, Káto und Páno Léfkara, die auf 500 bzw. 600 m Höhe gelegen sind. Páno Léfkara ist schon seit venezianischer Zeit das zypriotische Zentrum für Silberfiligranarbeiten und Hohlsaumstickereien. Früher reisten die Männer des Dorfes durch ganz Europa, um die Waren zu verkaufen; heute kommen die Käufer massenweise selbst hierher. Da viele ein Schnäppchen machen wollen, wird ihnen zu Billigpreisen Fernostware vorgesetzt, während die echten Lefkarítika weiterhin teuer und kostbar sind.

Kloster Ágios Minás ▸ G 8

5 km südwestlich, tagsüber frei zugänglich, aber Sa und So keine Gruppenbesuche. Im Sommer 12–15, Winter 12–14 Uhr geschl. Das große Nonnenkloster begeistert durch seinen blütenreichen Innenhof und viele neue Ikonen in der 1740 erbauten Kirche.

Fatsá Wax Museum in Skarinoú ▸ G 8

Gut ausgeschildert gleich an der Autobahnausfahrt, Mai–Okt. tgl. 9–19, Nov.–April tgl. 9–17.30 Uhr, Eintritt 5 €. Wachsfigurenkabinett à la Madame Tussaud mit 150 lebensgroßen Puppen. Dargestellt werden Stationen der alten sowie der neuen Geschichte Zyperns sowie das traditionelle Alltagsleben im 19. und 20. Jh. Nachgestellt sind u. a. Widerstandskämpfer kurz vor ihrer Hinrichtung und der Putsch 1974, bei dem Erzbischof Makários gestürzt wurde.

Choirokoitía ▸ G 8
direkt 5 | ▸ S. 57

5 | Leben in der Steinzeit – Choirokoitía

Karte: ▶ G 8 | **Dauer:** Besichtigung von einer Stunde

In einer der ältesten Siedlungen Zyperns lebten die Menschen schon vor 9000 Jahren in steinernen Hütten. Vier von ihnen haben Archäologen vollständig rekonstruiert. Ein etwa halbstündiger Spaziergang führt Sie durch das an einem niedrigen Hang gelegene neolithische Dorf und lässt Sie einen Einblick in Architektur und Lebensweise jener Epoche gewinnen.

Gute Lage

Der Siedlungsplatz war gut gewählt. Die ersten jungsteinzeitlichen Siedler, von denen niemand weiß, woher sie kamen, suchten sich für ihre Hütten einen niedrigen Hügel aus, der auf zwei Seiten von Bachläufen begrenzt wurde. Das Gewässer lieferte nicht nur Frischwasser, sondern damals sicherlich auch noch Fische und Muscheln. Wahrscheinlich wuchsen in der Umgebung noch Wälder, Wild war vorhanden. Der Weg zum Meer war kurz genug, um binnen eines Tages hin und zurück zu kommen und ermöglichte so auch Fischfang und Muschelnsammeln. Bodenfunde belegen, dass die Bewohner auch schon Getreide und Hülsenfrüchte anbauten sowie Ziegen, Schafe und Schweine hielten. Besiedelt war **Choirokoitía** (spr. chirokitja) zwischen etwa 7000 und 5800 v. Chr. und dann noch einmal zwischen etwa 5000 und 3900 v. Chr. – insgesamt also 2300 Jahre lang. In der ersten Phase kannten die Bewohner noch keine Keramik, all ihre Gefäße waren aus Stein. Die Ursache für die lange Unterbrechung in der Siedlungsgeschichte ist unbekannt.

Rekonstruierte Hütten

Aus den Ausgrabungen am Hügel, mit denen 1936 begonnen wurde, konnten die Archäologen zahlreiche Rückschlüsse auf das Aussehen und die Bauweise der Hütten schließen. Sie bauten vier von ihnen nach und konnten so Theorien auch im Experiment überprüfen. Die Hütten ermöglichen dem Besucher heute zusammen mit farbigen Rekonstruktionszeichnungen vor und nach dem Rundgang durchs Gelände, sich zur Unterstützung seiner Phantasie ein Bild vom einstigen Dorf zu machen. Man erkennt das Baumaterial der Hütten: dunkle Steine aus den Flussbetten und hellfarbiger Kalkstein aus dem anstehenden Gelände sowie mit Häcksel vermischter Stampflehm. Die Dächer waren flach. In einigen der Hütten gab es ein halbes Zwischengeschoss, das auf Steinpfeilern ruhte. Nur eins ist moderne Zufügung: Metallene Gitterstäbe vor den kleinen Fensteröffnungen kannten die Menschen der Steinzeit natürlich noch nicht. Sie verschlossen die Öffnungen wohl mit Tierhäuten.

Im Gelände

Ein fast schattenloser Holzweg führt von den rekonstruierten Hütten den Hügel hinauf mitten durchs neolithische Dorf. Was der Besucher sieht, ist freilich keine Momentaufnahme aus einem ganz bestimmten Jahr. Die freigelegten Mauern stammen aus über drei Jahrtausenden. Immer wieder fielen Teile ein, wurden neu errichtet, so dass sich heute viele Schichten kreuz und quer überlagern. Da sich technische Entwicklungen aber äußerst langsam vollzogen, ergibt sich dennoch ein recht einheitliches Bild.

Gehöfte

Gleich das erste Hüttenensemble rechts des Pfades zeigt, dass mehrere Hütten zusammen eine Art Gehöft bildeten. Die kleine **Hütte XIIA** 1 diente wohl als Arbeitsraum. Die große Hütte IA unmittelbar dahinter mit 8 m Durchmesser und zwei erhaltenen Pfeilern, die das Zwischengeschoss trugen, dürfte im Wesentlichen Wohnraum gewesen sein. Um die Hütte zog sich mehr als halbseitig ein Gang herum, in dem unter freiem Himmel gearbeitet und Kleinvieh gehalten wurde.

Stadtmauer

Wendet man sich etwas weiter oben an der Pfadgabelung 5 m nach rechts, erkennt man ein weiteres wichtiges Merkmal der Siedlung: eine Art Stadtmauer. Hinter ihr liegt der ältere Teil der Siedlung. Irgendwann wurde die Siedlung dann erweitert. Man ließ die alte Mauer stehen, errichtete aber zugleich auch eine neue, erweiterte Befestigung, von der Teile weiter am oben am Hang zu sehen sein werden.

Begräbnissitten

In den nun am Hauptweg folgenden **Hütten XVII und XVIII** 2 entdeckten die Archäologen unter dem Hüttenboden drei Gräber samt Skeletten und Grabbeigaben. Die Verstorbenen waren darin mit angezogenen Knien begraben, auf ihrer Brust lag jeweils ein schwerer Stein – wohl, um sie an einer Rückkehr zu den Lebenden zu hindern. Ob es allgemein üblich war, die Toten direkt im Hüttenboden beizusetzen , ist umstritten – die Zahl der gefundenen Gräber ist dafür doch auffällig gering. Waren es vielleicht sogar Menschenopfer in Zeiten von Seuchen und anderen Bedrohungen?

Toranlage

Die Ausgrabungen in Choirokoitía werden bis heute jeweils im Juli und August fortgesetzt. In den letzten Jahren legte man im obersten Bereich der Siedlung einen jetzt von einem Schutzdach überdeckten **Torbau** 3 als Teil der schon auf 60 m Länge identifizierten neuen Stadtmauer frei. Die äußere Toröffnung lag 2 m unter der inneren. Im Tor musste der Eintretende drei Treppen ersteigen, die jeweils im rechten Winkel voneinander abbogen, und dann noch mehrere Meter zwischen Mauern geradeaus gehen. Gewaltsam Eindringende konnten auf diesem leicht verwirrenden Weg leichter bekämpft werden. Schließlich lebten die Menschen auch vor 5000 Jahren nicht immer in Frieden miteinander, obwohl sie als Waffen nur Holz und Steine besaßen.

Infos

Am unteren Dorfrand neben der gleichnamigen Autobahnausfahrt, Nov.–März tgl. 8–17, Juni–Aug. tgl. 8–19.30, sonst tgl. 8–18 Uhr, Eintritt 1,70 €. Zeitbedarf 30–45 Min. Kein Schatten!

Echt zypriotische Küche

Das Restaurant **Vassilikís** [1] an der Straßenkreuzung gleich neben dem Ausgrabungsgelände hat den Charme einer einfachen Autobahn-Raststätte, bietet aber auch einen schönen Blick auf die archäologische Stätte. Das Essen hier ist genuin zypriotisch und extrem lecker, der Service freundlich und flink, die Preise sind günstig. Auf der Karte stehen auch sonst selten angebotene Spezialitäten wie Täubchen und die der Süßkartoffel ähnliche *kolokássi*, erstklassig sind *kléftiko*, *afélia*, Artischocken und Nudelaufläufe. Für Süßmäulchen gibt es auch orientalische Kuchen. Jedes Gericht wird begleitet von einem Teller mit Zitronenhälften, Tomate, Zwiebel, Oliven, Pepperoni und Brot, hungrig steht hier keiner auf (Tel. 24 32 21 40, tgl. 6–1 Uhr, Täubchen 4 €, andere Hauptgerichte 8–9 €.

Ländlich wohnen

Im Nachbardorf Vávla vermietet die herzliche María Zimmer in ihrem **House of Nature** [1], einem etwa 250 Jahre alten Bauernhaus mit idyllischem Garten und Innenhof sowie kleinem Pool (im Dorfzentrum ausgeschildert, Tel. 24 34 21 47, www.agrotour ism.com.cy, DZ ab 50 €).

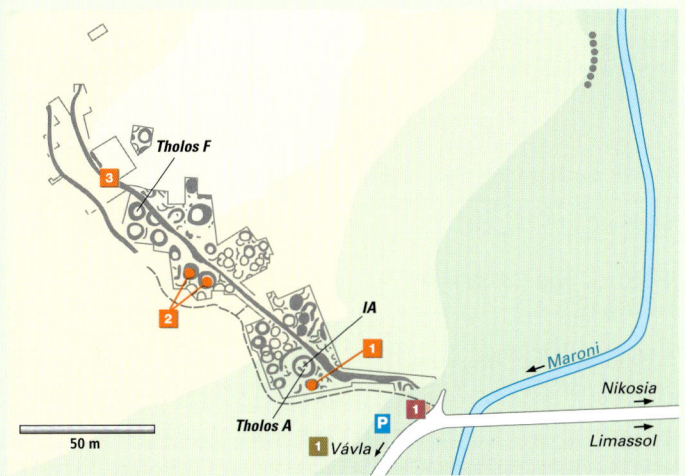

Limassol und die Mitte

Limassol ► E 9

Während Nicosia eher eine relativ ruhige Beamtenstadt ist, brodelt in Limassol, Zyperns bedeutendster Hafenstadt, südländisches Leben. Als Urlauber mag man das Häusermeer mit seinen Betonbauten abschreckend finden, für die Zyprioten aber ist es Beweis der wirtschaftlichen Leistungskraft der Insel. Für Ruhesuchende ist die Stadt – mit 162 000 Einwohnern die zweitgrößte Zyperns – ungeeignet. Dafür bietet sie nächtliches Highlife an Wochenenden und liegt äußerst zentral – wer viel sehen will, findet hier ein günstiges Standquartier. Fast jeden Ort im Süden erreicht man mit dem Auto in weniger als zwei Stunden.

In den Vororten östlich des Zentrums – **Germasógeia** (Yermasóyia) und **Amathoús** – wird es auch ruhiger, dort stehen viele Luxusherbergen zwischen künstlich aufgeschüttetem Strand und der vierspurigen Hauptverkehrsstraße. Am schönsten ist Limassol jedoch in der Altstadt rund um die Burg. Leben herrscht dort aber nur an den Vormittagen.

Kástro ▮1▮ und Carob Mill ▮2▮
direkt 6 ► S. 61

Archäologisches Museum ▮4▮
Odós Káningos, Di, Do, Fr 8–15, Mi 8–17, Sa 9–15 Uhr, Eintritt 1,70 €
Das kleine Museum birgt unter anderem einige Hathor-Kapitelle aus dem 5. Jh. v. Chr., die ägyptischen Einfluss verraten, und Terrakotten mit Alltagsszenen wie z. B. Menschen in der Badewanne.

Strände
Hotelstrände: Die zumeist künstlich aufgeschütteten Sandstrände vor den Badehotels sind schmal, aber gepflegt und bieten viel Wassersport. Man sonnt sich meist auf Liegewiesen zwischen Hotel und Meer.
Lady's Mile Beach: Kilometerlanger Sandstrand am östlichen Ansatz der Halbinsel Akrotíri, 5 km südwestlich des Stadtzentrums. Nicht per Linienbus zu erreichen.

Ágios Geórgios Alamános ► G 9
Das 1880 gegründete Kloster wird noch von 40 Nonnen bewohnt (25 km östlich, Autobahnausfahrt 18, tagsüber frei zugänglich). 1,5 km unterhalb des Klosters kann man sich in einer kleinen Bucht auf glatten, weißen Felsschollen sonnen, die von der Brandung unterspült werden. Dort stehen auch zwei Tavernen.

Amathoús ► F 9
Viele Steine der antiken Hafenstadt 10 km östlich an der Küstenstraße wurden beim Bau des Suezkanals nach Ägypten verschifft. Jedoch haben die Archäologen mit der Rekonstruktion des großen Aphrodite-Tempels begonnen. In der Unterstadt ▷ S. 64

6 | Mittelalterliches Erbe – Limassols Burg

Karte: ▶ E 9 | **Dauer:** Eine Stunde zu Fuß im Stadtzentrum

Rund um die mittelalterliche Burg nahe dem alten Hafen ist die Altstadt von Limassol besonders interessant. Kultur und Kulinaria gehen hier eine harmonische Verbindung ein, Geschichte und Gegenwart präsentieren sich hier zugleich lebendig. Am besten kommen Sie zweimal: einmal tagsüber und einmal am Abend.

Burg und Mittelaltermuseum

Das nur noch aus dem massiven, rechteckigen Bergfried bestehende **Kástro** 1 (engl. Limassol Castle) ist das älteste Bauwerk in der Stadt. Im Kern stammt es aus dem 13. Jh., als die Lusignan eine alte byzantinische Festung ausbauen ließen. Innen ist die Burg vielfach in mehrere Ebenen und zahlreiche unterschiedlich große Räume gegliedert. Fensteröffnungen fehlen fast völlig. Da wirken die ausgestellten Kanonenkugeln, Rüstungen, Waffen und mittelalterlichen Grabplatten noch düsterer, vermögen selbst ausgestellte Münzen, Keramik und byzantinische Silberteller aus dem 7. Jh. die Stimmung kaum zu heben. Noch zu Zeiten der Queen Victoria saßen hier Häftlinge ein.

An der Johannisbrotmühle

Die Burg bildet den Mittelpunkt eines rechteckigen Platzes, der im Süden und Westen von den niedrigen Bauten einer 1937 erbauten Johannisbrotmühle gesäumt wird. Die heute darin angesiedelten Bars und Restaurants machen die Umgebung der Burg heute zu einem der bedeutendsten gastronomischen Zentren Zyperns und zu einem Treffpunkt der gehobenen einheimischen Szene. In der Zentralhalle der **Carob Mill** 2 berichten alte Maschinen, viele Fotos und ausführliche Erklärungstafeln auf Englisch anschaulich über Bedeutung und Verarbeitung des Johannisbrots auf Zypern.

Limassol und die Mitte

Für die Wirtschaft der Insel war es im 19. und frühen 20. Jh. sehr viel bedeutsamer als der Olivenanbau. Die Fabrik hier war noch bis 1960 in Betrieb. Jährlich wurden vor dem Zweiten Weltkrieg auf Zypern etwa 50 000 t Johannisbrot geerntet, 2 Mio. Bäume wuchsen in den Küstenregionen der gesamten Insel. Noch 1960 war das kleine Zypern der drittgrößte Johannisbrotproduzent der Welt nach Spanien und Italien. Heute sind die meisten Bäume Hausbauten geopfert worden. Johannisbrot diente nicht nur als Viehfutter, sondern auch zur Herstellung von Klebstoffen. Im Zweiten Weltkrieg war es für die Produktion von Fallschirmen begehrt, heute ist das Johannisbrotkernmehl von großer Bedeutung als natürliches Dickungsmittel in der Lebensmittelindustrie. Für Zypern spielt es keine Rolle mehr.

Die Familie Lanítis, der die Johannisbrotmühle hier gehörte, hat sie in den 1990er-Jahren im heutigen Stil erneuern lassen. Außer den gastronomischen Betrieben gehört auch die **Galerie Evágoras Lanítis** `3` gleich neben der Zentralhalle dazu, in der auch überregional bedeutende Wechselausstellungen moderner Kunst stattfinden.

Naturprodukte aus Zypern

In der südlichen Häuserzeile der Johannisbrotfabrik bietet das auf Zypern einzigartige Geschäft **Traditonal Products** `3` eine riesige Palette an traditionellen und qualitativ hochwertigen zypriotischen Naturprodukten an. Vieles kann man verkosten. Inhaber Fános hat in Heidelberg und England Philosophie studiert und gelehrt und gibt gern Erklärungen zu den Waren.

In seinen Kühlschränken lagern das luftgetrocknete Ziegenfleisch *tsamarélla* und die Schweinesülze *salatína*, in den Regalen stehen organische Olivenöle und Balsamico aus Zypern. Hier kann man Johananisbrotsirup und Johannisbrot-Kokos-Happen erstehen, Rosenwasser aus Agrós und zahlreiche zypriotische Spirituosen auch als Miniaturen, darunter den Tresterschnaps Tsivanía und den Bitterorangenlikör Fílfar. Wer in Nordzypern war oder hin will, sollte das nicht erwähnen, denn dafür bringen die Inhaber überhaupt kein Verständnis auf.

Infos

Kástro und Medieval Museum
`1`: Mo–Sa 9–17, So 10–13 Uhr, Eintritt 3,40 €.
Galerie E. Lanítis `3`: Mo–Fr 9–13 und 17–21, Sa/So 14–21 Uhr, Eintritt meist frei. Restaurants: www.carob mill-restaurants.com.
Traditonal Products `3`: Mo–Sa ca. 10–21 Uhr.

Essen und Trinken

Karatello `3`: Odós Vasilíssis, Carob Mill, an der Burg, Tel. 25 82 04 64, tgl. ab 19 Uhr, Hauptgerichte 8,50–16 €. Stimmungsvolles Restaurant mit langen, dunklen Holztischen in der alten Johannisbrotmehlfabrik. Auf den Tisch kommt eine kreative Küche, z. B. in Joghurt mariniertes Kaninchen, über Holzkohle gegrillt, mit Zitronensauce (15 €).
Stretto `4`: Odós Vasilíssis, Carob Mill, an der Burg, Tel. 25 82 04 65, tgl. ab 11 Uhr, Espresso 3,75, Crêpes ab 6,80, Nudelgerichte 12,50–18,90 €. Italienisches Bistro-Café, Schwerpunkt auf Pasta und frischen Langusten (auch kombiniert als Langusten-Ravioli), leckeres Carpaccio von Lachs und Schwertfisch (9,30 €). Übrigens können Sie im Stretto auch Crepes und Eis mit Johannisbrotsirup bestellen!

Limassol

Sehenswert
1 Kástro und Mittelalter-
museum
2 Carob Mill
3 Galerie Evágoras Lanítis
4 Archäologisches Museum

Übernachten
1 Metropole
2 Curium Palace
3 Amathus Beach

Essen und Trinken
1 Ladas Old Harbour
2 The Old Neighbourhood
3 Karatello
4 Stretto

Einkaufen
1 Markthalle
2 Sabrina
3 Traditional Products

Ausgehen
1 Lemesianés Vradiés
2 To Karafáki

Sport und Aktivitäten
1 Buddy Divers

wurden an der Agora einige Säulen wieder aufgestellt (Agorá Juni–Aug. tgl. 8–19.30, Nov.–März tgl. 8–17, sonst tgl. 8–18 Uhr, Eintritt 1,70 €).

Governor's Beach ▶ G 9

Der ›Strand des Gouverneurs‹ – so genannt, weil hier ein britischer Gouverneur bevorzugt badete – ist einer der letzten noch weitgehend unverbauten guten Strände der Insel. Man hat die Wahl zwischen einem langen Sandstrand vor flachem Hinterland, einsameren kleineren Buchten vor Steilküsten und weißen, glatt geschliffenen Felsen.

Erími ▶ E 9

An der Hauptstraße Limassol-Páfos steht am westlichen Dorfrand das private **Cyprus Wine Museum** (tgl. 9–17 Uhr, Eintritt inkl. Weinprobe 5 €), das die Geschichte des Weinanbaus auf der Insel erzählt.

Unterkunft

Preiswert und zentral – **Metropole** **1**: Odós Ifigénias 6, Tel. 25 36 26 86, www.metropole.com.cy, DZ 50–60 €. Einziges Hotel direkt in der Altstadt, einfach, aber akzeptabel. 20 Zimmer. Ideale Lage für eine Zwischenübernachtung, wird aber scheinbar auch für One-Night-Stands genutzt.

Der Klassiker – **Curium Palace** **2**: Odós Výronos 11, Tel. 25 89 11 00, www.curiumpalace.com. DZ Ü/F ab 115 €. Einziges Firstclass-Hotel direkt in Limassol, 63 Zimmer, am Rand der Altstadt nahe dem Archäologischen Museum gelegen. Klassisch-gediegenes Ambiente, Pool im Garten, Hallenbad, Wellness-Bereich.

Für länger – **Amathus Beach** **3**: In Amathoús an der Uferstraße, 9 km östlich von Limassol, Tel. 25 83 20 00, www.amathus-hotels.com, DZ Ü/F ab

220 €. Luxushotel mit 244 Zimmern, Pool, Hallenbad, Tennisplätzen und großem Wellness-Angebot.

Essen und Trinken

Lange Tradition – **Ladas Old Harbour** **1**: Am alten Hafen nahe der Burg, Mo–Sa 12–24 Uhr, frischer Fisch 40–55 €/kg. Ältestes Fischrestaurant der Stadt in einem restaurierten Johannisbrotlager aus dem Jahr 1823.

Volkstümlich – **The Old Neighbourhood** **2**: Odós Ághyras 14, tgl. ab 18 Uhr, Mezé 16 €. Kleine Altstadt-Taverne alten Stils, manchmal Livemusik von Gästen.

Karatello **3** und **Stretto** **4**: s. S. 62

Einkaufen

Lebensmittel – **Markthalle** **1**: Odós Kanári, Mo, Di, Do, Fr 5.30–14.30 Uhr, Mi 5.30–13.15 Uhr, Sa 5.30–13.45 Uhr. Die größte und interessanteste Markthalle Zyperns wurde 2001 außen vollständig renoviert und innen völlig neu gestaltet. Sie ist jetzt nicht mehr besonders urig, aber immer noch bunt. Treffpunkt auch von Einheimischen ist ihr südlicher Vorplatz mit einfachen Grillrestaurants.

Schuhe – **Sabrina** **2**: Odós Agíou Andréou 202. Die Maßanfertigung von Schuhen bieten mehrere Schuhgeschäfte in der Altstadt von Limassol. Hier sind moderne, schicke Schuhe Trumpf.

Kulinaria – **Traditional Products** **3**: s. S. 62

Ausgehen

Moderne Discos konzentrieren sich auf die Uferstraße in Germasógeia. In der Altstadt von Limassol sind einige traditionelle Musiklokale mit griechischer Musik zu finden.

Traditionell – **Lemesianés Vradiés** **1**: Odós Irínis 111, Tel. 25 35 33 78, tgl. ab 19 Uhr. Zum üppigen Mezé spielt

Treffpunkt der alten Männer: das Kafénio

griechische Livemusik in mehreren Räumen einer alten Villa.

Beste Stimmung – **To Karafáki** [2]: Odós Ag. Andréou 219, Tel. 25 37 11 11. Mezé und griechische Livemusik, zu der die Gäste am späteren Abend auch häufig tanzen.

Sport und Aktivitäten

Tauchen – **Buddy Divers** [1]: Im Hotel Le Meridien, Tel. 25 32 83 85 und 99 60 42 04, www.buddydivers.com.

Reiten – **Curium Equestrian Centre** [2]: Am östlichen Strandbeginn, Tel. 99 56 42 32, curiumequestrian@hotmail.com, tgl. 7.30 Uhr bis Sonnenuntergang. Nur erfahrene Reiter können Pferde mieten, Vorausreservierung ist unbedingt erforderlich.

Infos und Termine

CTO: Leofóros Spýrou Araoúzou 115 A (Uferpromenade), Tel. 25 36 27 56; in Germasógeia: Leofóros Georgíou A' 22 (am Westeingang des CTO-Strands Dasoúdi Beach), Tel. 25 32 32 11.

Stadtbusse: Fahrplan der E.A.L.-Busse bei der CTO und an der Busstation an der Markthalle erhältlich.

Wichtige Linien: Linie 1 zum Neuen Hafen; Linie 6 entlang der Küste nach Amathoús und zum Hotel Le Meridien; Linie 13 entlang der Küste in östlicher Richtung zum Hotel Park Beach; Linie 16/17 nach Kolóssi; Linie 30 vom Hotel Le Meridien entlang der Küstenstraße zur KEO-Weinkellerei und zum Neuen Hafen.

Fernbusse: Nach Lárnaca (Tel. 24 64 34 92) Mo–Fr 8, 10, 13 und 16.30 Uhr sowie Sa 8 und 13 Uhr ab Altem Hafen. Nach Nicosia (Tel. 25 37 05 92) und ins Tróodos-Gebirge (Tel. 25 55 22 20) ab Stadtbus-Terminal (Andréa Themistokléous St., nahe der Markthalle).

Wine Festival: In der ersten Septemberhälfte jeden Abend im Stadtpark. Die Eintrittskarte berechtigt zu unbegrenztem Weinkonsum bei Folklore-Shows und Livemusik.

Musical Sundays: Von April bis Anfang Juli gibt es Sonntagskonzerte unterschiedlichster Art im Onisílos Seaside Theater an der Uferpromenade, Eintritt frei. Programm bei der Tourist Information erfragen!

Kolóssi ▶ E 9

Das Dorf Kolóssi ist ein Zentrum des zypriotischen Erdbeer- und Weinanbaus. Vom frühen 14. Jh. bis 1570 war es der Hauptverwaltungssitz der zypriotischen Zweigniederlassung der Johanniterritter von Rhodos, die von hier aus 60 Dörfer mit Weingärten und Zuckerrohrplanta-

In **Pissoúri** zeigen die Tavernenwirte an der Platía eine sonst seltene Einigkeit. Zwischen Juli und September organisieren sie gemeinsam an jedem Mittwoch ab 19.30 Uhr einen Folkloreabend auf dem Dorfplatz. Für diese **Cyprus Nights** sind Platzreservierungen empfehlenswert, z. B. in der Taverne Vráka, Tel. 25 22 19 40, oder in der Pissoúri Square Tavern, Tel. 25 22 15 79 (Mezé kosten in allen Tavernen um 14 €).

gen verwalteten. Ihre **Burg** (Juni–Aug. tgl. 8–19.30, Nov.–März tgl. 8–17, sonst tgl. 8–18 Uhr, Eintritt 1,70 €) ist in einen liebevoll angelegten Garten eingebettet. Aus ihm erhebt sich der mächtige Bergfried des 1454 erneuerten Kastells. Über seine Höhe von 23 m verteilen sich drei Geschosse; vom Dach aus überblickt man die Ebene bis hin nach Limassol.

Eine Zypresse und eine vor über 100 Jahren aus Amerika eingeführte, bereits stützungsbedürftige Maccherie sind die auffälligsten Bäume im Garten, in dessen Südostecke sich eine gotische Halle erhebt. In ihr wurde Rohrzucker raffi-

niert. Die Zuckerrohrmühle lag im Freien zu Füßen eines gut erhaltenen Aquädukts.

Koúrion ▶ D 9

direkt 7 | S. 67

Pissoúri ▶ C 9

Pissoúri ist deutlich zweigeteilt. Das eigentliche Dorf bedeckt die Hänge eines Hügels am Rand einer fruchtbaren, hauptsächlich für den Weinanbau genutzten Hochebene. Es lockt mit einem der schönsten Dorfplätze der ganzen Insel. Das Pissoúri der Veranstalterkataloge aber liegt davon etwa 3 km entfernt direkt am Meer. Es besteht lediglich aus einem Hotel, mehreren Apartmenthäusern und einem Dutzend Tavernen.

Strände
Pissoúri Beach: Etwa 1300 m Sandkiesstrand, nur an wenigen Stellen mit Liegestühlen und Sonnenschirmen besetzt. Im westlichen Teil Fußgängern vorbehaltene Uferpromenade.

Übernachten
Strandnah – **Kótzias:** Pissoúri Beach, nahe der Einfahrt zum Hotel Columbia Pissoúri Beach, Tel. 25 22 10 14, www. kotzias.net, DZ 51–56 €. 40 Apartments für 2 und 4 Personen in einer kleinen, strandnahen und gepflegten Anlage mit Pool.
Romantisch – **Bunch of Grapes Inn:** Bergdorf Pissoúri, gut ausgeschildert, Tel. 25 22 12 75, bogpisouri@hotmail. com, DZ Ü/F 50 €. Eins der stimmungsvollsten Hotels auf Zypern! Die 13 einfachen Zimmer in dem 100 Jahre alten Bau mitten im Dorf gruppieren sich um einen auf drei Seiten ▷ S. 71

7 | Leben in der Römerzeit – Koúrion

Karte: ▶ D 9 | **Dauer:** Archäologischer Rundgang, ca. drei Stunden

In den weitläufigen Ausgrabungen mit schönstem Meerblick werden die Strukturen einer Stadt verständlich, die über 1000 Jahre lang florierte. Sie gehen vom Theater und den Thermen zum Forum, fahren dann zum Stadion und stoßen schließlich auf ein eigenartiges Baumheiligtum in einem der ältesten Tierreservate Europas.

Die antike Stadt
Die Stadt, die die Griechen Koúrion und die Römer Curium nannten, war schon im 12. Jh. v. Chr. Zentrum eines zyprischen Stadtkönigreichs. Von jener Zeit zeugen aber nur noch geringfügige Reste im Heiligtum des Apollo Hylates. Fast alles andere, was der Besucher heute sieht, stammt aus römischer Zeit, als die Stadt ihre größte Ausdehnung erreichte. Ein schweres Erdbeben im Jahr 365 legte viele heidnische Bauten

nieder, die Trümmer wurden in der nachfolgenden Zeit auch für den Bau frühchristlicher Kirchen verwendet. Seit einem Araberüberfall 649 blieb Curium dann unbewohnt. Heute erstreckt sich das Ruinenfeld auf einem Hochplateau, das bis unmittelbar an den Steilabfall der Küste reicht; in der anderen Richtung sind in der Ferne die Berge des Tróodos zu erkennen.

Meerblick für das Volk
Busse und Autos fahren im Grabungsgelände bis zum Parkplatz, der unmittelbar an das weitgehend rekonstruierte **Theater** **1** grenzt. Die Ränge des Theaters, das um 100 seine heute sichtbare Form erhielt, öffnen sich zum Meer hin. Ein etwa 10 m hohes Bühnengebäude versperrte in der Antike den Zuschauern auf den unteren Rängen jedoch weitgehend den Blick in die Weite. In spätrömischer Zeit ergötzte sich das Publikum lieber an Tierhatzen und

Gladiatorenkämpfen als an klassischen Tragödien. Davon zeugen noch Keller unter den Rängen, in denen wilde Tiere (und vielleicht auch Christen) bis zu ihrem tödlichen Kampf eingesperrt wurden.

Die **Villa des Eustolios** 2, Residenz eines reichen Bürgers aus dem späten 4. Jh., ist vor allem als Zeugnis für die Zeiten des Übergangs vom Heiden- zum Christentum interessant. Beim Betreten der Villa wird der Gast durch die Inschrift »Tritt ein zum Glück dieses Hauses« begrüßt. Eine andere als Mosaik gelegte Inschrift verkündet: »Statt mit hohen Mauern und hartem Eisen, glänzender Bronze und gar Diamanten hat sich dieses Haus mit den hoch verehrten Symbolen Christi gegürtet«. Und die sieht man überall: Den Fisch als Symbol für Christus, Vögel als Symbole fürs ewige Leben, dazu griechische Kreuze. Dass auch die Christen an altem Lebensstil festhielten, unterstreicht die zum Haus gehörende Thermenanlage, wo die Böden der Räume auf aufgemauerten Hypokaustenpfeilern ruhten, zwischen denen heiße Luft als Fußbodenheizung zirkulierte.

Junges Christentum

Das kulturgeschichtlich bedeutsamste Baudenkmal von Koúrion sind die Grundmauern einer großen **frühchristlichen Basilika** 3, in der sich der Sieg des Christentums über das Heidentum manifestiert. Sie lassen Größe und Pracht der monumentalen Anlage noch erahnen, zu dem außer der eigentlichen dreischiffigen Basilika mit zusätzlichem Umgang für die noch Ungetauften auch eine eigene Taufbasilika, ein Vorhof mit Brunnenanlage und ein Wohngebäude für den Klerus gehörten. Als Baumaterial benutzte man Reste von beim Erdbeben im Jahr 361 zerstörten Gebäuden, darunter auch

Säulen aus Marmor und Granit. Zur Erbauungszeit um 380 waren viele Stadtbewohner ja noch Heiden. Um sie von der neuen Religion zu überzeugen, musste der ›Tempel‹ des neuen Gottes an Größe und Pracht mit denen der alten Götter zumindest konkurrieren können.

Treffpunkt der Bürger

Soziales, religiöses und wirtschaftliches Zentrum jeder griechischen Stadt war die **Agorá** 4, der Hauptplatz, den die Römer Forum nannten. Eine besondere Rolle spielte hier das Wasser als Lebensgrundlage jeder Stadt. Auf dem 14 000 m² großen Forum von Koúrion liegen die Überreste der Wasserspiele des Nymphaions zwischen zwei öffentlichen Bädern. Darin sind die aus Backstein gemauerten runden und eckigen Pfeiler der Hypokausten besonders gut erhalten, zwischen denen heiße Luft wie eine Art Fußbodenheizung strömte. Deutlich markiert sind zudem die Überreste frühchristlicher Wohnhäuser und eines mittelalterlichen Kalkbrennofens, dem viele Marmorsäulen und -blöcke der Antike zum Opfer fielen.

Die Mosaiken

Ein Statussymbol in römischen Häusern waren figürliche Bodenmosaiken, die sowohl mythologische Themen als auch Szenen aus dem Alltag zum Thema haben konnten. Für beides gibt es in Koúrion nahe beieinander liegende Beispiele. Zwei von ihnen zeigen eine der beiden beliebtesten Sportarten der römischen Antike: Gladiatorenkämpfe. Berühmte Gladiatoren hatten eine eigene ›Fangemeinde‹, waren weithin berühmt. Scheinbar auch die hier dargestellten, denn sie werden im **Gladiatoren-Mosaik** 5 mit Namen benannt. Eine der beiden Szenen wirkt besonders lebendig: in ihr trennt gerade ein

Mosaik der Ktisis, der Personifikation der Stiftungsgründung, aus Koúrion

Schiedsrichter die beiden Kämpfenden voneinander.

Das mythologische Thema des dritten **Achilles-Mosaiks** 6 ist einer römischen Fassung der Ilias entnommen, dem berühmtesten Heldenepos des Altertums. Der listenreiche Odysseus hat im Palast des Königs der Insel Skýros Mädchenkleider und eine Kriegerrüstung mit Schild und Speer als Geschenke für die Mädchen am Hof ausgebreitet. Unter ihnen hat Thetis auch ihren Sohn Achilles versteckt, um ihn vor der Teilnahme am Trojanischen Krieg zu bewahren. Er darf ein Geschenk wählen und offenbart sich als Mann, weil er zu den Kriegswaffen statt zu den Kleidern greift.

Für sportliche Römer
Der Sport spielte in der Antike eine zentrale Rolle im Leben. Wie viele andere Städte auch besaß Koúrion daher spätestens seit dem 2. Jh. ein **Stadion** 7. Die 217 m lange Sportstätte liegt außerhalb des zentralen Grabungsgeländes rechts der Straße in Richtung Páfos. Einst bot es auf steinernen Rängen, von denen nur ein winziger Abschnitt rekonstruiert wurde, etwa 6000 Zuschauern Platz. Zur Erbauungszeit um 150 dürfte Koúrion demnach etwa 6000 freie männliche Bürger gezählt haben, insgesamt inklusive Sklaven vielleicht 35 000 Bewohner.

Früher Umweltschützer
Das bedeutendste antike Heiligtum Koúrions war das **Heiligtum des Apollon Hylates** 8. Es lag in einem Wäldchen vor den Mauern der Stadt (rechts der Straße in Richtung Páfos). Wie heute betrat man es auch in der Antike über die Stufen des Koúrion-Tors. Links davor sind die Grundmauern der Palästra zu erkennen, in der Ring-

Übrigens: Unterhalb der antiken Stadt erstreckt sich der bis zu 40 m breite Sand-Kies-Strand **Koúrion Beach** über 1 km lang. Im östlichen Abschnitt ist das Baden wegen gefährlicher Unterströmungen verboten, im westlichen Abschnitt vor den Tavernen für gute Schwimmer möglich.

und Faustkämpfe ausgetragen werden konnten, rechts liegen unter einem modernen Schutzdach römische Thermen aus der Spätzeit des schon im 12. Jh. begründeten Heiligtums. Nach Passieren des Tors steht der Besucher auf einem länglichen Platz. Zur linken wird er von den fünf Sälen einer antiken Pilgerherberge begrenzt, die bis zum gegenüberliegenden Páfos-Tor reicht.

Von diesem Platz führt die einstige ›Heilige Straße‹ direkt auf einen kleinen, teilweise rekonstruierten Tempel für den Gott Apollon zu, der hier als Beschützer der Wälder und des Wilds verehrt wurde.

Diesen ›ökologischen‹ Charakter der antiken Kultstätte unterstreichen auch die Überreste eines eingezäunten, kreisrunden Baumheiligtums. Im felsigen Boden sind Löcher zu erkennen, in die im Altertum Bäume hineingepflanzt worden waren. Um sie herum wurden wahrscheinlich kultische Tänze ausgeführt. Der heute dominierende Tempel ist sehr viel jünger, er stammt erst aus dem 1. Jh.

Infos

Gut ausgeschildert an der Nationalstraße Limassol–Páfos, Nov.–März tgl. 8–17, Juni–Aug. bis 19.30, sonst bis 18 Uhr. Eintritt Stadtgebiet und Heiligtum des Apollo Hylates je 1,70 €. Stadion frei zugänglich. Zeitbedarf Stadtgebiet 2–3 Std., Stadion 10–15 Min., Apollo-Heiligtum 30–45 Min.

Linienbus ab Limassol

Von der Burg fahren Linienbusse Mo–Fr um 10, 12.20 und 16 Uhr zu den Ausgrabungen des Stadtgebiets, Rückfahrt Mo–Fr 11.50 und 14.50 Uhr, Fahrpreis hin und zurück 8,25 €.

Hungrig und durstig?

An der Zufahrt zum Strand liegt die **Taverne Ágios Ermogénis** 1 unter Eukalyptusbäumen neben der gleichnamigen Kapelle. Wer lieber direkt über dem Strand sitzt, findet am Koúrion Beach in jeweils 100 m Abstand drei gleich gute **Großtavernen** 2 (z. T. mit Selbstbedienung). Sie sind auch im Winter geöffnet, weil der Blick aufs Meer einfach schön ist.

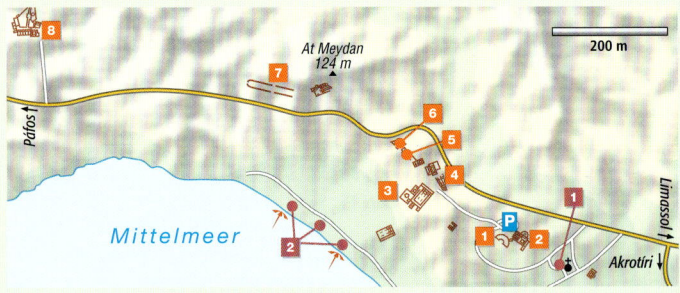

geschlossenen Innenhof mit Maulbeerbäumen, Feigen, Palmen und Wein.

Luxuriös – **Columbia Resort:** Pissoúri Beach, Tel. 25 83 33 33, www.columbia-hotels.com, DZ Ü/F ab 343, Nov.–März ab 195 €. Zwei unmittelbar benachbarte Strandhotels unter gleichem Management: das konventionelle Columbia Beachotel und das neuere Columbia Beach Resort, das zu den exklusivsten Hotelanlagen und den architektonischen Highlights der Insel zählt. WLAN kostenlos.

Essen und Trinken

Panorama-Blick – **Pissouriána:** Am oberen Dorfrand gelegen, ausgeschildert, Hauptgerichte 12–18 €. Modernes Restaurant mit kleinem Pool auf einer Aussichtsterrasse, gute Parkmöglichkeiten direkt am Haus. Kostenloser WLAN-Zugang.

Sport und Aktivitäten

Wassersport – **Columbia Watersports Yiánnos & Día:** Vor dem Columbia Pissoúri Beach Hotel. Das Wassersportzentrum bietet auch Bootsausflüge mit schnellen Motorbooten zum Felsen der Aphrodite und entlang der Steilküste bis nach Koúrion.

Tauchen – **Pissoúri Bay Divers:** Am Strand in Hotelnähe, Tel. 96 53 07 61, www.pissouribaydivers.com.

Plátres ▶ D 7

Das aus den Ortsteilen Páno und Káto Plátres bestehende Doppeldorf, auf 1200 m Höhe unterhalb des Olymp gelegen, ist eine der beliebtesten Sommerfrischen der Insel und ihr bedeutendster Wintersportort. Außer im Hochsommer geht es sehr beschaulich zu, mehr als zwei Nächte hier führen leicht zu Langeweile.

Übernachten

Günstig und familiär – **Petit Palais:** Im Zentrum von Páno Plátres, Tel. 25 42 27 23, DZ Ü/F Nov.–April 50 €, Sommer 70 €. Einfach möblierte Zimmer meist mit Balkon und Fernblick, gutes Restaurant mit Sonnenterrasse.

Zentral – **Aqua Sol Pendéli:** Im Zentrum von Páno Plátres, Tel. 25 42 18 03, www.acquasolhotels.com.cy, DZ Ü/F je nach Saison und Auslastung 40–135 €. 81 Zimmer und Suiten in einem Neubau, mit Pool und Sauna, WLAN.

Im Wald – **Forest Park:** In Páno Plátres ausgeschildert, Tel. 25 42 17 51, www.forestparkhotel.com.cy, DZ Ü/F je nach Saison 103–149 €. Traditionsreiches Hotel im Wald, in dem die Atmosphäre der Kolonialzeit lebendig ist. Unbedingt Zimmer im Neubau verlangen! 137 Zimmer, Pool, schattige Terrasse, Tennisplatz.

Essen und Trinken

Traumhaftes Dessert – **International:** 30 m unterhalb der zentralen Kreuzung an der Straße nach Káto Plátres, tgl. ab 12 Uhr, Hauptgerichte ab 9 €. Der sehr bodenständige Wirt Giannákis Kafkalas und seine Frau sammeln Kräuter und andere Zutaten für ihre Gerichte noch selbst, sind Spezialisten für Kapernzweige und zaubern ein einzigartig zartes *mahalépi* als Dessert, das ganz fein mit Rosenwasser aromatisiert ist.

Sport und Aktivitäten

Mountainbikes – ›**adrenaline**‹: Kiosk am Parkplatz vor der Tourist-Info, Mountainbikes 1 Tag 12 €, 2 Tage 20 €, 1 Woche 50 €.

Wandern – **direkt 8** ▶ S. 72

Infos und Termine

CTO: Am Dorfplatz, Tel. 25 42 13 16.
Busse: Nach Limassol Mo–Sa tgl. gegen 7 und 7.45, Sa auch ▷ S. 74

Karte: ▶ D 7 | **Dauer:** Zweistündige Wanderung, immer bergab

Die stets abwärts führende Wanderung, bei der immer wieder ein Bachbett auf wackligen Trittsteinen überquert werden muss, macht auch Kindern Spaß. Rasten können Sie an den 13 m hohen Wasserfällen, den Kaledonia Falls. Am Ziel gibt es eine frische Forelle vom Holzkohlegrill.

Am Wegesrand machen zahlreiche Schildchen auf Pflanzen aufmerksam. Angegeben ist ihr lateinischer, griechischer und englischer Name, manchmal gibt es noch ein Foto dazu.

Wacholder und Erbeerbäume

Wacholder (Juniperus foetidissima) gilt bei uns als typisches Heidegewächs. Auf Zypern erreicht der Tróodos-Wacholder gewaltige Ausmaße und kommt in Höhen bis zu 1800 m vor. Er kann über 600 Jahre alt und mehr als 12 m hoch werden.

Kolchische Erdbeerbäume (Arbutus andrachne) haben einen glatten, rötlichen Stamm. Ihre wie kleine Erdbeeren aussehenden, zunächst weißen und dann roten Früchte tragen sie ab November. Sie sind essbar, aber recht geschmacksneutral. Deswegen werden sie nicht geerntet. Die Römer nannten sie daher auch »Un edo – eine esse ich«. Nach mehr besteht kein Bedarf.

Zistrosen

Zistrosen (Cistus villosus) blühen im Frühjahr und Frühsommer weiß, rosa oder violett und sind auf Zypern in Höhen bis 1000 m weit verbreitet. Ihre Blätter sind klebrig: Die Pflanzen sondern ein Harz ab, das noch immer als Räucherstoff verwendet wird. Bis ins frühe 20. Jh. hinein schrieb man ihm als ›Labdanum‹ auch Heilkraft zu. So berichten frühe Reisende, Zyprioten hätten in Zeiten von Seuchen stets einen Klumpen Labdanum in den Händen gehalten, um sich vor Ansteckung zu schützen. Geerntet wurde das Harz früher recht pfiffig. Man trieb Ziegen durch Zistrosenfelder, scherte ihnen danach das Fell, in dem das Harz kleben geblieben war, und kochte es aus.

Schwarzkiefern und Eichen

Erst ab etwa 1200 m Höhe taucht die **Schwarzkiefer** (Pinus nigra) im Tróodos auf. Sie verträgt auch Frost, wächst in jungen Jahren schnell und wird deshalb gern für Wiederaufforstungen verwendet. Junge Schwarzkiefern haben eine pyramidenförmige, ältere Exemplare eine eher schirmförmige Gestalt.

Eichen sehen im Mittelmeerraum ganz anders aus als in Zentraleuropa. Hier auf Zypern gedeiht als Nationalbaum die endemische Erlenblättrige Eiche (Quercus alnifolia). Man erkennt sie am ehesten an ihren Eicheln, die denen unserer Eichen ähneln, während die ledrigen Blätter mit gezähntem Rand ganz anders aussehen.

Myrten und Aleppo-Kiefern

Die **Myrte** (Myrtus communis) ist ein typischer Macchia-Strauch. Wegen ihrer zarten weißen Blüten war sie der Aphrodite von Paphos heilig und galt im Altertum als Sinnbild über den Tod hinausgehender Liebe. Deswegen wird der Braut bei Dorfhochzeiten heute noch ein Kranz aus Myrtenzweigen geflochten. Die kleinen Löcher in den Myrtenblättern – gut zu sehen, wenn man ein Blatt gegen das Licht hält – gelten als Racheakt der Phädra, weil Aphrodite sie keine Macht über Hippolytos erringen ließ (s. S. 82).

Die **Aleppo-Kiefer** (Pinus brutia) gilt Retsína-Liebhabern als heiliger Baum. Besonders in Attika und auf der Chalkidiki werden ihre Stämme angeritzt, das austretende Harz wird Weißwein beigemischt. Auf Zypern stellt man jedoch keinen Retsína her. Man pflanzt Aleppo-Kiefern gern in Aufforstungsgebieten.

Start und Ziel

Folgen Sie in Tróodos der Straße nach Plátres. Nach ca. 300 m steht links der blaue Wegweiser ›Platres Troodos Old Road‹. Das Sträßchen führt in Serpentinen 2 km weit zum Beginn des 3 km langen Kaledonia Nature Trail und überwindet dabei 450 Höhenmeter.

Transport-Tipps

Von Limassol (Haltestelle vor der Burg) fährt Mo–Sa um 9.25 Uhr ein Bus über

Plátres nach Tróodos hinauf, die Rückfahrt von Plátres nach Limassol ist um 15.45 Uhr.

Hungrig und durstig

Am Kaledonia Trail gibt es keine Verpflegungsmöglichkeiten und keine Quellen. Am Ende des Trails liegt das **Restaurant Psiló Déndro** 1 (Forelle 13,50 €). Wenn viele Gruppen da sind, muss man etwas warten, was sich aber lohnt.

18.30 Uhr, tgl. 15.45 Uhr; von Limassol nach Plátres Mo–Sa 12.30 und 18, Sa auch 23 Uhr, tgl. 9.30 Uhr; nach Tróodos tgl. 10.30 Uhr; von Tróodos nach Plátres tgl. 15.30 Uhr. Infos: PEAL, Tel. 25 55 22 20.

Taxis: Tel. 25 42 33 30 und 99 65 23 24.

Tróodos ▶ D 7

In 1700 m Höhe ist es auch auf Zypern im Sommer angenehm kühl, bis zum April kann hier noch Schnee liegen. Das **Tróodos Visitor Centre** (tgl. 10–16, Nov.–April bis 14 Uhr, Eintritt 1 €) gleich neben den Tennisplätzen und dem guten Restaurant Dolphin präsentiert eine kleine Ausstellung zu Geologie und Botanik des Tróodos-Gebirges mit Vorführung eines 10-minütigen Videos. Im Garten ist ein 250 m langer botanisch-geologischer Naturlehrpfad zu erleben. In Tróodos beginnen zudem mehrere Naturlehrpfade. Es gibt Tennisplätze und im Hochsommer auch kurze geführte Ausritte zu Pferd (6 €/10 Min.).

Auf den **Olympos,** den höchsten Berg Zyperns (1951 m), führt zwar eine Straße; das Gipfelareal ist jedoch militärisches Sperrgebiet.

Trooditissa-Kloster ▶ D 7

8 km außerhalb an der Nebenstraße nach Pródromos, für Touristen kein Zutritt. Die Gebäude des in 1200 m Höhe gelegenen Mönchsklosters stammen aus dem 19. und 20. Jh.

Foiní ▶ D 7

Das stattliche, selten besuchte Bergdorf (Finí gesprochen) war früher ein Töpferzentrum, so lange die Menschen noch Keramik statt Plastik verwendeten. Hier wurden vor allem die riesigen Vorratsgefäße, Píthoi genannt, gearbeitet; die Dorfbewohner waren auch als Wandertöpfer tätig. Davon berichtet das Pilavákion Folk Museum 15 m unterhalb der kleinen Platía (klingeln oder im benachbarten Kafenío nach dem Inhaber fragen).

Omodós ▶ D 8

Das schöne Dorf mit alten Natursteinhäusern, einem idyllischen Dorfplatz und einem schönen Kloster liegt auf 750 m Höhe inmitten von Weingärten. Direkt am unteren Ende der Platía steht das bereits 327 gegründete, nicht mehr bewohnte Kloster **Moni Timíou Stavroú** (tagsüber frei zugänglich). Seine schönen Natursteingebäude stammen aus dem frühen 19. Jh. Als größter Schatz werden in der Klosterkirche Splitter vom Kreuz Christi (in silbernen Kreuzen rechts an der Ikonostase) und die Schädelreliquie des Apostels Philipp (unter seiner Ikone am rechten vorderen Pfeiler) verwahrt. Bemerkenswert sind die geschnitzten Holzdecken im oberen Umgang des Kreuzgangs und im Synodensaal (heute Ikonenmuseum). Im Dorf ausgeschildert ist der von Souvenirhändlern gesäumte Weg zum Línos-Haus mit der größten und ältesten erhaltenen Weinpresse Zyperns (tagsüber frei zugänglich).

Agrós ▶ E 7

Die Häuser dieses 1200 Einwohner zählenden Dorfes verteilen sich über mehr als 100 Höhenmeter an den Hängen eines Gebirgstals etwa 1000 bis 1100 m über dem Meeresspiegel. Agrós ist Schul- und Einkaufszentrum für viele kleine Siedlungen im östlichen Tróodos und macht deswegen einen recht lebhaften Eindruck. In der Umgebung werden außer Wein vor allem Rosen angebaut. Im April und Mai wird in Agrós aus mehreren Tonnen Blütenblättern Rosenwasser destilliert. Auch die Fleischwaren sind landesweit berühmt: Loúndsa, eine Art Kasslerfleisch, Chiroméri, ein luftgetrockneter Schinken, und Loukaniká, recht scharf gewürzte Landwürste.

In der Umgebung

Lagouderá: Das noch sehr ländlich gebliebene Dorf im nordöstlichen Tróodos lohnt wegen seiner idyllisch gelegenen Scheunendachkirche aus dem späten 12. Jh. den Besuch. Sie besticht durch ihre Architektur und auf 1192 datierte Fresken (tagsüber geöffnet).

Übernachten

Alles beherrschend – **Ródon:** 1,5 km außerhalb des Dorfes, Tel. 25 52 12 01, www.rodonhotel.com, DZ Ü/F 86–100 €. Modernes Hotel mit zwei Pools auf einem Hügelkamm. Alle 155 Zimmer mit Panoramablick.

Essen und Trinken

Leckere Gemüse – **To Pézema:** An der Straße zum Hotel Ródon, tgl. ab 12 Uhr. Die moderne Taverne serviert als besondere Spezialitäten leckere gefüllte Gemüse wie Paprika, Tomaten und Zucchini (7 €) und einen guten Nudelauflauf Pastítsio.

Einkaufen

Der Metzger – **Kafkála:** An der Hauptstraße beim Krankenhaus, Haus 36. Metzgerei, in der man die Dorfspezialitäten auch verkosten und bei deren Herstellung man zusehen kann.

Auf Rosen gebettet – **Tsolákis:** An der Hauptstraße beim Hospital ausgeschildert. Rosenwasserspezialist, auch Rosenwein und -likör, Rosenkosmetika, eigene Keramikherstellung.

Verkehr

Busse: Mo–Sa Linienbusverbindung mit Limassol.

Spitze wird auch heute noch in Tróodos-Dörfern wie Ómados geklöppelt

Gálata-Kakopetriá

▶ E 6–7

Am inneren Ende des grünen, baumreichen Soléa-Tals, das sich aus der Mesaória-Ebene bis an den Fuß des Olymps hinaufzieht, gehen die beiden Ortschaften Galáta und Kakopetriá nahtlos ineinander über. Beide Orte sind im Hochsommer abends und an Wochenenden ein beliebtes Ausflugsziel der hitzegeplagten Bewohner Nicosias. Der historische Ortskern von Kakopetriá wurde unter Denkmalschutz gestellt; seine aus Lehm über Feldsteinen erbauten Häuser stehen auf einem Felsrücken zwischen zwei ganzjährig Wasser führenden Bächen.

Kirche Archángelos Michaíl

Am unteren Dorfrand von Galáta, Schlüssel im Kafenío am Dorfplatz erfragen

Die unscheinbare Scheunendachkirche neben einem Feld mit Pistazienbäumen hat eine umlaufende Reihe von kleinformatigen, stilistisch recht rustikalen Wandmalereien aus der Zeit um 1520 bewahrt. Bei der Darstellung Jesu im Tempel trägt Joseph die weißen Tauben nicht wie sonst üblich auf den Händen, sondern in einem Vogelbauer.

Kirche Panagía tis Podíthou

80 m von der Archángelos-Kirche entfernt

In der Scheunendachkirche aus der Zeit kurz nach 1500 ist eine Kreuzigungsszene erhalten, die deutliche Einflüsse der Renaissancemalerei aufweist.

Ágios Nikólaos tis Stégis

5 km außerhalb, Zufahrt ausgeschildert, Di–Sa 9–16, So 9.30–16 Uhr, Eintritt frei

Wie der Name ›Hl. Nikolaus mit Dach‹ andeutet, handelt es sich um eine Scheunendachkirche, deren typisch zypriotische Überdachung einer im 11. Jh. entstandenen Kuppelkirche übergestülpt wurde. Die ehemalige Klosterkirche ist mit Wandmalereien aus dem 11.–17. Jh. ausgestattet.

Übernachten

Einzigartig – **Mylos the Mill:** Am Fluss, Tel. 22 92 25 36, www.cymillho tel.com, DZ je nach Typ 85–140 €. 13 ganz unterschiedliche Zimmer in einem fantastischen Bau, gleichnamige Taverne. Mountainbike-Verleih, kostenloser Internetzugang auch in den Zimmern (mit eigenem Laptop).

Alte Gemäuer – **Pandochíon Línos:** Kakopetriá, Tel. 22 92 31 61, www.linos -inn.com.cy, DZ Ü/F ab 95 €. 22 traditionell eingerichtete Zimmer in alten Dorfhäusern an der zentralen Gasse des historischen Ortskerns.

Essen und Trinken

Populär – **Mesostráto:** Hauptgasse im historischen Zentrum von Kakopetriá, Mi–Mo ab 12 Uhr, großes Mezé 15, Hauptgerichte ab 9 €. Eine gepflegte Taverne in einem historischen Haus abseits des Autoverkehrs. Spezialität ist ein gutes Mezé, wahlweise mit 13 oder 21 Leckereien.

Urgemütlich – **The Village Pub & Restaurant:** An der Brücke, wo die Gasse in den historischen Ortskern beginnt (1 Min. von der Platía entfernt), Tel. 22 92 26 16, Di–So 12–15 und ab 18 Uhr, Hauptgerichte 9–20 €. Rustikal eingerichtete Taverne mit vielen vegetarischen Gerichten. Der Service ist besonders nett: Allen Gästen werden Krüge mit frischem Quellwasser kostenlos gereicht.

Verkehr

Busse: Nach Limassol Mo–Fr gegen 5 und 5.45 Uhr, Sa nur 5.45 Uhr; nach Nicosia Mo–Fr 9–13 x tgl. zwischen 4.50 und 14.30 Uhr, Sa 7 x tgl. (alle Verbindungen durch Klários-Busse).

Kalopanagiótis ▶ D 7

Das Dorf im unteren Teil des grünen Maratása-Tals zieht sich den recht steilen Hang eines Bachtals hinunter bis zu einem schon von oben sehr gut zu erkennenden Kloster.

Kloster Ágios Ioánnis Lampadistís

Unterhalb des Dorfes im Bachtal, gut ausgeschildert, Di–So 8–13 Uhr, Juni–Aug. auch Di–So 14–20, März–Mai und Sept./Okt. auch Di–So 14–18, Nov.–Feb. auch Di–So 14–16 Uhr, Eintritt frei

Das kleine, heute nicht mehr bewohnte Kloster wirkt mit seinen niedrigen, ansprechend restaurierten Gebäuden und seinem winzigen Innenhof sehr idyllisch. Die Klosterkirche vereint unter einem gemeinsamen Scheunendach eigentlich drei Kirchen, die alle mit Wandmalereien ausgeschmückt sind: eine Kreuzkuppelkirche aus dem 11. Jh. und je eine Kirche mit Tonnengewölbe aus dem 15. und 18. Jh. Die Fresken aus dem 15. Jh., der Zeit des fränkischen Königreichs Zypern, unterscheiden sich durch ihren stark verwestlichten Stil deutlich von den übrigen. Dem Kloster angeschlossen ist ein kleines, sehr schön gestaltetes **Ikonen-Museum** (Di–So 9.30–13 und 15–18 Uhr, Eintritt frei).

Einkaufen

Kraftfutter– **Arkatena:** Links der Hauptstraße am Ortsanfang aus Richtung Pedoulás, tagsüber geöffnet. Vor dieser kleinen Manufaktur hängt das ganze Jahr über das unzerteilt fast wie lange Würste aussehende Dschoudschoúko zum Trocknen. Gleich neben der kleinen Terrasse wird es in einem einfachen Werkraum hergestellt. An einer Astgabel mit drei Enden sind zusammengeknotete Bindfäden befestigt, auf die Nüsse oder Mandeln aufgezogen wurden. Sie werden mehrere Tage lang immer wieder in einen großen Bottich getaucht, in dem Traubenmost und Mehl langsam vor sich hin köcheln. In Geschäften und auf Märkten sieht man Dschoudschoúko meist nur in ca. 10 cm lange Stränge zerteilt, hier aber hängen sie im Ganzen äußerst fotogen am Straßenrand. Man kann sie kosten und natürlich auch jede gewünschte kleine oder große Menge kaufen.

Infos und Termine

Kirchweihfest am 3./4. Oktober rund um das Kloster mit großem, traditionellen Jahrmarkt.

Busverbindung: Tgl. 1 x mit Limassosl und Nicosia.

Kýkko-Kloster ▶ D 7

direkt 9 ▶ S. 78

Zedern-Tal ▶ C 7

Im **Cedar Valley** im Westen des Tróodos-Gebirges gedeiht dank der Voraussicht der britischen Kolonialverwaltung Zyperns letzter großer Zedernwald. Etwa 40 000 Bäume der endemischen Unterart Cedrus brevifolia, einer engen Verwandten der Libanon-Zeder, wachsen hier. Den schönsten Eindruck davon erhält man, wenn man von der Forststraße zwischen dem Kýkko-Kloster und Stavrós tis Psókas auf einem ausgeschilderten Weg in etwa einer Stunde auf den Gipfel des 1362 m hohen Berges Trípylos hinaufwandert.

9 | Eine Welt für sich – das Kýkko-Kloster

Karte: ▶ D 7 | **Dauer:** Klosterbesuch von einer Stunde

Zyperns berühmtestes und reichstes Kloster gleicht einem Palast, ist Rummelplatz, Feriendorf und Ort der Besinnung zugleich. Prächtige neue Mosaiken und ein edles Museum erzählen seine lange Geschichte – und auf der Hügelkuppe überm Kloster hat Erzbischof Makários seine letzte Ruhestätte gefunden.

Dem schon um 1100 gegründeten **Kýkko-Kloster** auf 1100 m Höhe in der absoluten Bergeinsamkeit des extrem dünn besiedelten nordwestlichen Tróodos gehören heute etwa 20 Mönche an, die ausgedehnte Besitztümer samt Hotel- und Industriebeteiligungen auf der gesamten Insel verwalten. Zwei hotelähnliche Herbergen bieten bis zu 600 – ausschließlich orthodoxen – Pilgern moderne Unterkünfte. Die Klostergebäude stammen alle aus den Jahrzehnten nach dem letzten Klosterbrand

im Jahr 1813, die prächtigen Mosaiken aus den letzten 20 Jahren.

Überall sakrale Kunst

Schon im Torbau weisen zwei neue, großflächige Mosaiken auf Goldgrund auf den Ursprung der wundertätigen Marienikone des Klosters hin, die die Quelle allen klösterlichen Reichtums ist. Rechts erteilt Maria dem Evangelisten Lukas die Erlaubnis, sie zu porträtieren. Der hinter Lukas dargestellte Erzengel trägt bereits das Holzbrett unter dem Arm, auf das Lukas malen wird. Links ist Lukas einmal malend und einmal die fertige Ikone Maria übergebend zu sehen.

Wenden Sie sich dann im ersten Innenhof unter den Arkaden zugleich nach links, zeigen drei Wandmalereien den weiteren Verlauf der Geschichte. Die Einsiedler Isaias und Doukos, die die Ikone um 1100 an der Stelle des heutigen Klosters auf wundersame

Weise fanden, hatten sie dem Kaiser in Konstantinopel dargebracht. Der begleitet sie nun zusammen mit dem Patriarchen zurück zum Schiff, das sie wieder nach Zypern bringen wird.

Das zweite Wandgemälde zeigt die Rückkehr der Ikone nach Zypern, das dritte eine Ikonenprozession ums Kloster. Solche Prozession bewirkten häufig das Ende von Dürren im östlichen Mittelmeer – als Dank für Regen erhielt das Kloster dann reiche Geschenke. Wofür die Mönche den Geldsegen verwendeten, ist ausschnittsweise im palastähnlich-prächtigen Klostermuseum zu sehen.

Sonntags wird getauft

Vorbei an zahlreichen weiteren Wandgemälden und Mosaiken auf Goldgrund gelangen Sie in den zweiten, unteren Klosterhof, an dem die **Klosterkirche** steht. Prunk ist ihr Motto. An der extrem langen und besonders reich beschnitzten Ikonostase hängt auch die angeblich von Lukas gemalte Ikone unter goldbestickten Brokattüchern und vergoldetem Silberblech. Die gesamte Kirche ist im traditionellen Stil ausgemalt. Sonntagvormittags finden in der Kirche häufig Massentaufen statt, denen auch Nicht-Orthodoxe beiwohnen können; auch Fotografieren ist erlaubt.

Wunschbaum und Ehrenwache

Vom Kloster führt die Straße auf eine Hügelkuppe **Throní tis Panagiás** hinauf, wo eine monumentale Bronzestatue Erzbischof Makarios zeigt, der hier eher dem antiken Helden Herkules ähnelt. Ein etwa 200 m langer Fußweg führt zu seiner von ihm selbst bestimmten Beisetzungsstätte, an der Soldaten die Ehrenwache halten.

Nur einen kräftigen Steinwurf entfernt markiert eine moderne, offene Kapelle den ›Thron der Allheiligen‹. Die Mosaikikone auf dem Ikonenständer ist eine Kopie der von Lukas gemalten Ikone, die hier in vergangenen Jahrhunderten im Rahmen der Wunder erflehenden Prozessionen ihren Ehrenplatz hatte. In einer Ecke hat man ihr kürzlich einen mit rotem Brokat bedeckten hölzernen Thron errichtet, den Gläubige mit Blumen und Geschenken bedenken. Vor der Kapelle stehen einige der für Zypern typischen Wunschbäume. Viele Gläubige knoten Tücher jeglicher Art (selbst Papiertaschentücher) an die Äste; das soll die Wirkung ihrer Gebete verstärken.

Infos

Kloster Iéra Moní Kykkoú: tagsüber geöffnet, Klostermuseum tgl. 10–17, sonst bis 16 Uhr, Eintritt 5 €.

Einkehr

Direkt am Hauptparkplatz des Klosters thront über der weiten Berglandschaft ein modernes **Selbstbedienungs-Restaurant** mit guter zypriotischer Küche und einer guten Eiswahl an Kuchen, Torten, Eis und Desserts. Hauptgerichte 6,75–11,80 €, Obsttorte 3 €, Glas Tee 1,65 €.

Shopping

Den Parkplatz zwischen Kloster und Restaurant säumen zahlreiche vom Kloster an Händler verpachtete **Kioske,** die überwiegend Nüsse aller Art, Dschudschuko (s. S. 77) und andere zypriotische Spezialitäten anbieten. Auf dem Kirchhof des Klosters sind im **Klosterladen** von ihm vermarktete Produkte wie der Tresterschnaps Zivania, Kräutertees, Brandies, Weine und auch die Kloster-Ikonen als Magneten für das Armaturenbrett oder den Kühlschrank erhältlich.

Páfos und der Westen

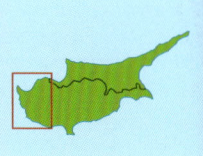

Páfos ▶ B 8

Das Páfos der Urlauber liegt am Meer. In diese Hotelstadt eingestreut sind zahlreiche Relikte aus der Antike. Östlich des versandeten Hafens, der nur noch von Sport- und Ausflugsbooten genutzt wird, lag das Zentrum des antiken Páfos. Hier hat sich ein ausgedehnter, völlig unverbauter Archäologischer Park zwischen moderne Bebauung und naturnah gebliebene Küstenszenerie geschoben.

Das Páfos der Einheimischen ist seit der Zeit der Türkenherrschaft die etwa 2 km vom Meer entfernte Oberstadt. Im alten Türkenviertel tragen die Gassen noch türkische Namen, doch die Moschee, der Hamam und viele Häuser stehen leer. Voller Leben sind weiterhin die vielen klassizistischen Gebäude aus der britischen Kolonialzeit.

Besonders reizvoll an einem Urlaub in Páfos sind das bunte Puzzle aus Antike und Neuzeit, die ländliche Umgebung mit Johanannisbrotbäumen und Bananenplantagen, das sanft ansteigende Hinterland und die zahlreichen Ausflugsziele in unmittelbarer Umgebung.

Archäologischer Park **1**

Tgl. ab 8 Uhr, Juni–Aug. bis 19,30, Nov.–März 8–17, sonst 8–18 Uhr, Eintritt 3,40 €. Eingang am großen Parkplatz am Hafen

Haus des Theseus, Haus des Aion, Haus des Orpheus, Haus des Dionysos: Ein Besuch des Ausgrabungsgeländes nahe dem Hafen ist wie ein Spaziergang durch ein Bilderbuch der antiken Mythologie. 1962 entdeckte ein pflügender Bauer die ersten farbigen Steinchen. Weil das römische Mosaik den Weingott Dionysos zeigte, benannte man die Villa nach ihm. Später fanden Archäologen weitere Villen, die jeweils nach einem der auf ihren Bodenmosaiken dargestellten Heroen getauft wurden. Sie stammen aus dem 3. und 4. Jh. und sind vielfarbig; nur ein schwarzgraues Mosaik mit dem Meerungeheuer Skylla wird ins späte 4. Jh. v. Chr. datiert (**direkt 10 ▶** S. 81).

Odéon: Unterhalb des niedrigen, aber weithin sichtbaren Leucht-   ▷ S. 85

Namenswirrwarr

Das gesamte heutige Páfos wird Néa Páfos (Neu-Páfos) genannt, weil es von König Nikokles 312 v. Chr. als neue Hauptstadt seines Königreichs gegründet wurde. Bis dahin residierten die Monarchen in Paleó Páfos (Alt-Páfos) beim heutigen Dorf Koúklia. Néa Páfos gliedert sich in zwei Teile. Die Hotelstadt am Meer nennt man Káto Páfos (Unter-Páfos), die Oberstadt heißt Ktíma (Landgut).

10 | Mythen und Legenden – die Mosaiken von Páfos

Karte: ▶ A 8 | **Dauer:** mindestens eine Stunde

Die römischen Bodenmosaiken im Archäologischen Park von Páfos erzählen viele Geschichten. Sie kreisen um antike Helden wie Theseus und um Götter wie Zeus und Dionysos, widmen sich den Themen Wein, Liebeslust und Liebesleid. Wer die Geschichten kennt, hat mehr vom Rundgang.

So wie heute kostbare Teppiche in wohlhabende Häuser gehören, galten in römischer Zeit prächtige Bodenmosaiken als standesgemäßer Bodenbelag. Handwerkergilden zogen von Ort zu Ort, um mit Hilfe von Skizzenbüchern und Schablonen bekannte Szenen und geometrische Motive zu legen. Ihr Material war billig: Marmorabfälle ergaben weiße Steinchen, Ziegelreste die roten. Auch farbiger Glasfluss wurde verwendet. In Páfos überraschen die geometrischen Motive durch eine starke Illusion von Räumlichkeit, sind die figürlichen

Szenen besonders lebendig. Archäologen legten seit 1962 viele Mosaiken in verschiedenen Häusern frei, die sie nach den Hauptmotiven benannten. Die meisten Mosaiken sind unter dem Schutzdach im »Haus des Dionysos« zu sehen und stammen aus dem 3. Jh.

Der schöne Narziss (1)
Narziss war ein schöner Jüngling, der Frauen verschmähte. Aphrodite bestrafte ihn dafür mit unbändiger Selbstverliebtheit. Fortan saß er ständig an Gewässern, um sein Spiegelbild zu betrachten. Schließlich erlöste ihn die Göttin, indem sie ihn in eine Blume, eben die Narzisse, verwandelte.

Die vier Jahreszeiten (2)
Die allegorische Darstellung der vier Jahreszeiten war ein beliebtes Motiv. Ihre Personifikationen befinden sich in den vier Eckfeldern, die Mitte füllt die Personifikation der Erde aus.

Szenen einer Weinlese (3)

Der Boden des Speisesaals der Villa zeigt Szenen rund um die Weinlese. Hier pickt ein Rebhuhn eine Traube, dort schneiden Arbeiter die Trauben und bringen sie zu den Lasttieren. Zwischendrin ist ein Hase versteckt, eine sich einen Rebstock emporwindende Schlange. Eingestreut sind kleine Eros-Figuren und Theatermasken. Dionysos war ja der Gott des Rausches, der sinnlichen Lebenslust und des Theaters.

Der Triumph des Dionysos (4)

Hier sitzt Dionysos auf einem zweirädrigen Wagen, der von zwei Panthern gezogen wird. Silenos, Erzieher des jungen Dionysos, hält deren Zügel. Vor den Tieren kniet ein Dompteur. Hinter dem Wagen des Dionysos folgt ein trunkener Satyr mit gut gefülltem Weingefäß und geleertem Weinschlauch. Die übrigen Gestalten sind Kampfgenossen des Dionysos mit Insignien des Sieges oder erbeutete Sklaven dunkler Hautfarbe.

Thisbe und Pyramos (5)

Thisbe und Pyramos waren ein babylonisches Liebespaar, dem die Feindschaft zwischen den Elternhäusern im Weg stand. Sie vereinbarten ein geheimes Treffen, Thisbe kam zuerst. Als sie einen Panther erblickte, floh sie und verlor dabei ein Tuch. Herunterfallende Maulbeeren färbten es rot. Pyramos entdeckte es, zog daraus den falschen Schluss und erstach sich unterm Maulbeerbaum. Thisbe kehrte zurück, erblickte den toten Geliebten und beging voller Gram ebenfalls Selbstmord.

Die ersten Weintrinker (6)

Die ersten Weintrinker waren zugleich die ersten Betrunkenen. In der Mitte des Mosaiks steht Ikarios. Er führt zwei Ochsen am Zügel, die einen Wagen voller gefüllter Weinschläuche aus Ziegenbälgen ziehen. Ikarios war der Erste, den Dionysos in die Kunst der Weinherstellung eingeführt hatte. Ikarios weist mit seiner ausgestreckten Rechten auf die halbnackte Akme, die auf das Wohl des vor ihr sitzenden Dionysos trinkt. In der anderen Bildecke ist einer von zwei jugendlichen Hirten, die Ikarios überfallen haben, bereits zu Boden gesunken: der zweite hält gerade den Becher in der Hand, um selbst von dem bis dahin unbekannten Trank zu kosten.

Amymone und Poseidon (7)

Die schöne Amymone hatte auf der Suche nach einem Quell einen Satyr aus dem Gefolge des Dionysos aufgescheucht, der sich ihr sogleich aufdringlich näherte. Der Meeresgott Poseidon, deutlich von Eros geleitet, kam hinzu und rettete sie. Die nicht dargestellte Folge: Beide zeugten kurz darauf zusammen einen Sohn.

Apoll und Daphne (8)

Auf diesem Mosaik ist ein Schauplatz angegeben: der Name des Flusses Peneios auf dem Peloponnes steht neben dessen Personifikation in der unteren Ecke. Bei ihm steht die schöne Quellnymphe Daphne, in die sich der Gott Apoll verliebt hat. Er stellte ihr nach, aber sie ruft Göttervater Zeus um Hilfe an und wird in einen Lorbeerstrauch verwandelt (der im Griechischen immer noch *daphní* heißt). Apoll war geschlagen, der Lorbeer aber blieb ihm heilig.

Phädra und Hippolytos (9)

Phädra, Tochter des kretischen Herrschers Minos und Schwester der Ariadne, war durch den Athener Königssohn Theseus von Kreta nach Athen entführt worden. Dort vermählte er sich mit ihr, sie aber entbrannte bald in Liebe zu ihrem Stiefsohn Hippolytos, der freilich als begeisterter Jäger nichts anderes im

Kopf hatte als den Dienst an der Jagd-göttin Artemis. Phädra sandte ihm daraufhin einen Brief und befahl ihn zu sich. Die entscheidende Begegnung ist im Mosaik festgehalten: Links steht Hippolytos mit einem Jagdhund, den Brief in der Hand und voller kühler Abweisung im Ausdruck. Rechts sitzt Phädra zwischen zwei Feuern, zeigt in Körperhaltung und Mimik deutlich enttäuschte Liebe. Eros aber schüttet noch Öl ins Feuer. Die nicht mehr dargestellte Folge: Phädra verleumdet Hippolytos bei seinem Vater Theseus, er habe ihr nachgestellt. Der bittet daraufhin Poseidon, den Frevler zu vernichten. Hippolytos kommt um, Phädra endet durch Selbstmord.

Ganymed mit dem Adler (10)

Göttervater Zeus trieb es von allen Göttern am tollsten. Dabei war er nicht nur der Damenwelt zugetan. Er begehrte auch Ganymed, den Sohn eines trojanischen Königs, verwandelte sich in einen kräftigen Adler und entführte den Knaben auf den Olymp, wo er fortan den Göttern als Mundschenk diente.

Theseus und das Labyrinth (11)

Etwa 200 m vom Haus des Dionysos entfernt liegt das Haus des Theseus. Der Weg dorthin führt am Haus des Aion mit mehreren sehr barock wirkenden Mosaiken aus dem 4. Jh. vorbei. Das Theseus-Mosaik (3. Jh.) zeigt in einem kreisförmigen Bildfeld, das von einem faszinierend stilisierten Labyrinth eingefasst wird, den Helden Theseus im Kampf mit dem Minotaurus. Ein bärtiger Mann steht für das Labyrinth, eine junge, gekrönte Frau für Kreta. Eine fünfte Gestalt wird im Mosaik Ariadne genannt; sie schaut dem Kampf ängstlich-erschrocken zu.

Theseus war als Sohn des athenischen Königs Ägäus mit einer Delegation von sieben Jünglingen und sieben Mädchen nach Kreta gereist, die die Athener jährlich als Tribut dem König Minos zu stellen hatten. Ariadne, eine Tochter des Minos, hatte sich in Theseus verliebt und ihm einen langen Faden mit ins Labyrinth gegeben, wo der Minotaurus die athenischen Geiseln verschlingen wollte. Theseus überwand jedoch das Ungeheuer, fand mit Hilfe des Fadens wieder aus dem Labyrinth hinaus und segelte mit Ariadne und deren Schwester Phädra gen Athen zurück.

Haus des Achilles (12)

Nur etwa 45 Schritte vom Theseus-Haus entfernt ziert ein Mosaik den Boden eines weiteren Hauses. Dargestellt ist, wie das Kleinkind Achilles in das Wasser der Unletzlichkeit getaucht wird. Weil ihn die Amme dabei an der Ferse hielt, wurde sie zur sprichwörtlichen ›Achilles-Ferse‹, die dem Helden vor Troja später zum tödlichen Verhängnis wurde.

Infos

Archäologischer Park 1: Tgl. ab 8 Uhr, Juni–Aug. bis 19.30, Nov.–März bis 17, sonst bis 18 Uhr, Eintritt 3,40 €, Zeitbedarf nur für Mosaiken 1–2 Std., gesamter Park 2–4 Std. Innerhalb des Parks kein Getränkeverkauf (Wasser mitnehmen!), sanitäre Einrichtungen nur im Kassengebäude.

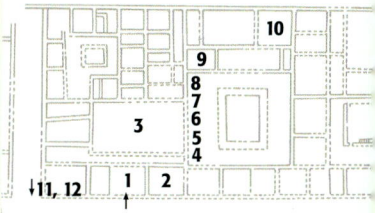

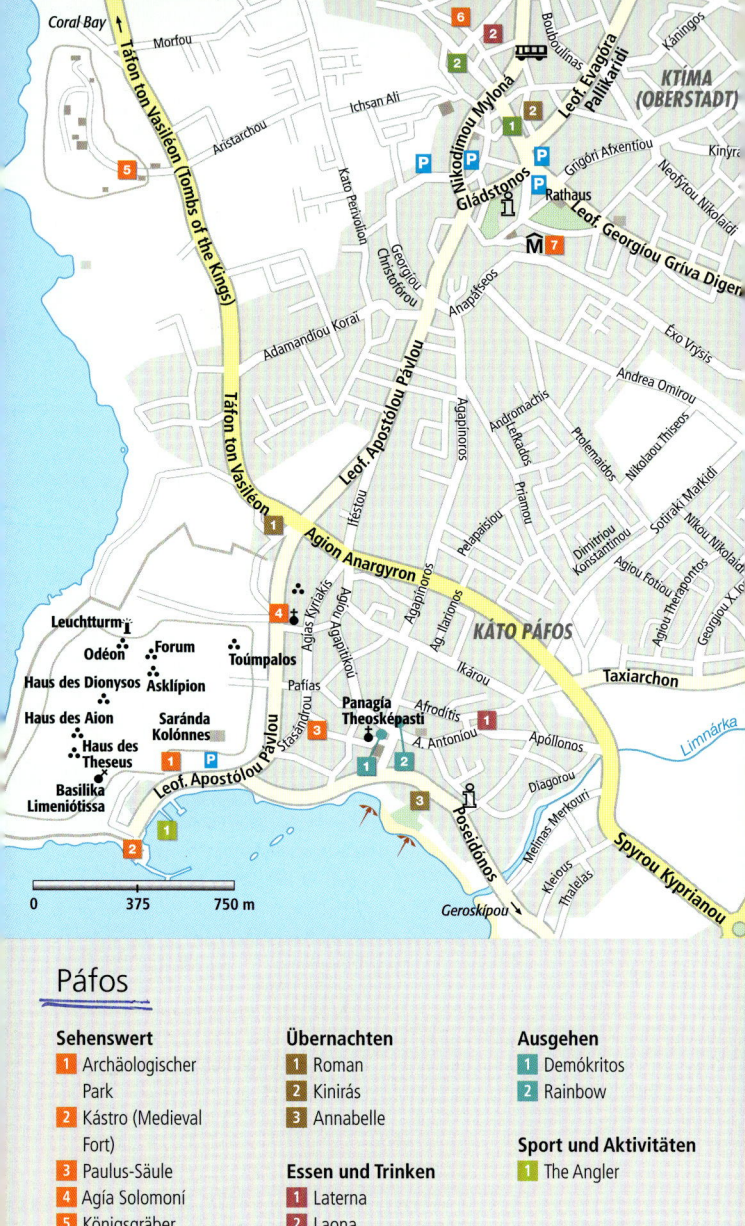

Páfos

Sehenswert

1 Archäologischer Park
2 Kástro (Medieval Fort)
3 Paulus-Säule
4 Agía Solomoní
5 Königsgräber
6 Türkenviertel
7 Ethnografisches Museum

Übernachten

1 Roman
2 Kinirás
3 Annabelle

Essen und Trinken

1 Laterna
2 Laona

Einkaufen

1 Makários-Straße
2 Markthalle

Ausgehen

1 Demókritos
2 Rainbow

Sport und Aktivitäten

1 The Angler

turms aus britischer Zeit ist ein kleines Theater aus dem 2. Jh. in den Hang geschnitten. Die Zuschauer auf seinen ursprünglich 25 Sitzreihen erlebten wahrscheinlich vor allem Konzerte und lyrische Vorträge.

Saránda Kolónnes: Als die aus Frankreich stammenden Lusignan Zypern 1192 zu einem fränkischen Königreich machten, erbauten sie nahe dem Hafen von Páfos unter Verwendung älterer Steine eine Festung. Besonders reizvoll anzusehen ist, wie alte Sarkophage und Säulentrommeln zur Anlage von Pferdetränken, als Türschwellen oder auch als Füllmaterial in den Mauern ›wiederverwertet‹ wurden.

Kástro (Medieval Fort) 2

Tgl. ab 8 Uhr, Juni–Aug. bis 19,30, Nov.–März 8–17, sonst 8–18 Uhr, Eintritt 1,70 €

Vom Dach des 1592 unter Einbeziehung einer älteren Burg erbauten türkischen Forts hat man einen schönen Blick über Hafen und Stadt aufs Hinterland. In der Festung ist heute ein Museum des Mittelalters untergebracht.

Paulus-Säule 3

Ódós Stasándrou, tagsüber frei zugänglich

Der Legende nach soll Paulus in Páfos nach seiner ersten Predigt ausgepeitscht worden sein. Die Überlieferung weiß auch, an welche Säule er gebunden war. Sie steht auf dem Gelände einer frühchristlichen Basilika, an deren Freilegung die Archäologen noch arbeiten. Im späten 16. Jh. entstand neben ihren Überresten die Kreuzkuppelkirche Agía Kyriakí Chrissopólitissa.

Agía Solomoní 4

Leofóros Apostólou Pávlou, frei zugänglich

Antike Felsgräber gibt es viele in Páfos.

Aber nur dieses hier dient noch als christliches Heiligtum. Am Ansatz der Treppen, die hinunterführen, steht ein traditioneller Wunschbaum (s. auch S. 79). Stufen führen zu einem antiken Brunnen, mit dessen Wasser Kranke einst ihre Augen benetzten, um durch den Beistand der hl. Solomoní von Augenkrankheiten geheilt zu werden.

Königsgräber 5

Tombs of the Kings Road, tgl. ab 8 Uhr, Juni–Aug. bis 19,30, Nov.–März 8–17, sonst 8–18 Uhr, Eintritt 1,70 €

In der schönen Küstenlandschaft westlich des Hafens wurden in hellenistischer und römischer Zeit zahlreiche große Grabanlagen aus dem Fels gehauen. Könige waren hier nie bestattet, wohl aber hohe Würdenträger und reiche Familien. Zwei Gräber ahmen mit ihren aus dem Fels gehauenen Säulen bzw. Pfeilern die Peristylhöfe der Villen der Lebenden nach.

Türkenviertel 6

Ktíma

Das frühere Türkenviertel von Ktíma erstreckt sich von der **Markthalle** 2 aus nach Norden und Nordwesten. Sein Zentrum bildet die Kebir-Moschee mit ihrem hohen Minarett. Das ehemalige Hamam (Bad) am Parkplatz unterhalb der Markthalle wurde kürzlich restauriert und zeigt eine kleine Ausstellung zur Geschichte des ›Badewesens‹ auf Zypern, das traditionelle Kafenío gleich davor bietet ausgezeichnete Kuchen und Desserts.

Ethnografisches Museum (Museum des zyprischen Kulturlebens) 7

Ódós Éxo Vrýsis 1, Mo–Sa 9–18, So 10–13 Uhr, Eintritt 3 €

Zypriotische Trachten, Möbel und Stickereien.

Tavernen säumen den Fischerhafen vom Páfos

Strände

Gute Strände fehlen im Stadtgebiet. Man badet in den Poollandschaften der Hotels oder an aufgeschütteten Hotelstränden. Die Alternative besteht darin, mit dem Bus zur Coral Bay oder nach Geroskípou zu fahren.

Übernachten

Versponnen – **Roman** ◻: Odós Agíou Lambriánou, Tel. 26 94 54 11, www.romanhotel.com.cy, DZ Ü/F saisonabhängig 50–76 €. Originelles Hotel, das wie die Filmkulisse für einen Streifen über die alten Römer daherkommt. Viel Holz und Naturstein; antikisierende Wandmalereien, Skulpturen und Mosaiken zieren Flure, Lobby und Gemeinschaftsräume.

Wohn doch in der Oberstadt – **Kinirás** ◻: Leofóros Makáriou 91, Tel. 26 94 16 04, www.kiniras.cy.net, DZ 50–70 €. Als ›Traditional House‹ klassifiziertes, zentral in Ktíma gelegenes Hotel mit viel Atmosphäre, schlichten Zimmern, einer erstklassigen Küche und lauschigem Patio. Die Wirte Kleánthis und Geórgios sprechen Deutsch. WLAN.

Luxus am Meer – **Annabelle** ◻: Leofóros Posidónos, Tel. 26 88 50 00, www.theannabellehotel.com, DZ Ü/F 176–1800 € je nach Saison und Zimmertyp. Bestes Hotel der Stadt. Künstlich aufgeschütteter Strand, Garten mit

Markttaverne – **Laona** 2 : Odós Votsí 6, Mo–Sa 10–16, Di und Fr auch 18–23 Uhr, Tel. 26 93 71 21, Hauptgerichte 7–9, offener Wein 12 €/l. Erstklassige Familientaverne nahe der Markthalle, wo viele sonst eher selten angebotene Inselspezialitäten auf den Tisch kommen.

Einkaufen

Alltagswaren – **Makários-Straße** 1 : Die Hauptgeschäftsstraße, wo die Einheimischen ihre Einkäufe erledigen. *Souvenirs*– **Markthalle** 2 : Überwiegend Souvenirs, Samstagmorgens dazu ein kleiner Bauernmarkt.

Ausgehen

Gute Folkloreshow – **Demókritos** 1 : Odós Dionýsiou 1, Káto Páfos, Mezé 18, 3-Gang-Menü 9,50–19,50 €. Taverne im Hotelviertel mit allabendlicher Folklore-Show; hinterher hat man Gelegenheit zum Mittanzen. Zwar arg touristisch, aber auch sehr fotogen und amüsant. *After Midnight* – **Rainbow** 2 : Odós Ag. Antoníou 1 (Hotelviertel, Night Life Street), tgl. ab 24 Uhr. Die In-Disco der Stadt, klimatisiert, vor allem Garage und House.

Sport und Aktivitäten

Wassersport – Die großen Hotels bieten zahlreiche Möglichkeiten zum Windsurfen, Fallschirmsegeln, Wasserski. *Hochseeangeln* – **The Angler** 1 : Tel. 99 42 10 44. Dreistündige Ausfahrten werden inklusive Köder und Drinks an Bord ab 25 € im Hafen angeboten (www.theangler-paphos.com).

Infos und Termine

CTO: Odós Gládstonos, Tel. 26 23 28 41; Leofóros Posidónos 63A, Tel. 26 93 05 21; am Flughafen, Tel. 26 42 28 33.

Wasserfällen und tropisch anmutender Pool-Landschaft, 198 Zimmer inklusive Penthouse-Suite.

Essen und Trinken

Herzlich und authentisch – **Laterna** 1 : Odós Apóllonos 2, Ecke Odós Agíou Antoníou (Hotelviertel), Tel. 26 93 23 93, Di–So ab 17.30 Uhr, Dez. geschl., Hauptgerichte 9–13 €, Menü des Hauses ca. 12, Mezé 15, Flasche Wein ab 9 €. Wirt Chrístos Mavromátis ist leidenschaftlicher Öko-Landwirt und Koch, bietet viel Vegetarisches und ausgefallene Kreationen. Besonders stolz ist er auf seine Auswahl erlesener zypriotischer Weine, die er günstig anbietet.

Stadtbusse: Ein dichtes Liniennetz verbindet alle Strandhotels mit dem Hafen und der Oberstadt, Fahrpläne sind in den Hotels erhältlich.

Fernbusse: Abfahrt am zentralen Busbahnhof in Ktíma (Leof. Evágora Pallikarídi). Nach Limassol Mo–Sa 5–6 x tgl.; nach Nicosia Mo–Sa 1–2 x tgl.; nach Pólis Mo–Fr 10 x (Sa 6 x tgl.), 3–4 x tgl. fährt dieser Bus weiter bis Pomós.

Coral Bay ► A 8

Die Korallenbucht besteht eigentlich aus zwei Buchten, die durch die kurze Halbinsel Palaíkastro-Maa getrennt sind. Oberhalb der Buchten ist eine große Feriensiedlung mit zahlreichen neuen Hotels entstanden, die der Coral Bay viel von ihrem Reiz genommen hat. Vor allem in der östlichen Bucht, die von einer niedrigen Steilküste gesäumt wird, kann man am Strand aber tatsächlich noch pulverisierte, rötliche Korallenreste finden.

Lémba ► A 8

Lémpa (mitunter auch Lémba geschrieben) gilt als das Künstlerdorf im Bezirk Páfos. Man kann es von den Hotels an der Küste westlich von Páfos auch gut auf einem Spaziergang erreichen.

Links der schmalen Asphaltstraße, die von der Küstenstraße nach Lémpa hinaufführt, haben schottische Archäologen die Spuren einer bronzezeitlichen Siedlung freigelegt und fünf Hütten rekonstruiert. Sie sind zum Teil farbig bemalt und man kann in sie sogar hineingehen. Hier erlebt man anschaulich, wie Menschen vor rund 4500–5500 Jahren lebten.

Am oberen Ende der Dorfstraße stehen im Garten des Cyprus College of Art zahlreiche skurrile Skulpturen des zypriotischen Künstlers Stass Paráskos.

Kloster Ágios Neófytos ► B 8

In den Bergen über Páfos liegt diese Klosteranlage, deren Ursprünge auf das 12. Jh. zurückgehen (Enklístria und Museum: April–Okt. tgl. 9–13, 14–18, sonst 9–13, 14–16 Uhr, Eintritt 1 €). Keimzelle des in einem Talschluss erbauten Klosters ist die Enklístria genannte Höhlenkirche des Eremiten Neófytos (1134–1219) aus dem späten 12. Jh. Der Heilige hat sie selbst aus dem Fels gehauen. Alle drei Räume wurden Ende des 12. Jh. mit exzellent erhaltenen Fresken ausgemalt. Zwei davon zeigen Neófytos selbst. Auf dem einen führen ihn Erzengel am Tag des Jüngsten Gerichts vor den Richterthron, auf dem anderen kniet er zu Füßen Christi vor dessen Thron, neben dem Maria und Johannes der Täufer stehen. Das heutige Kloster mit schönem Innenhof und einem kleinen Museum stammt aus dem 16. Jh. Vorn links in der Klosterkirche werden die Gebeine des Neófytos als Reliquie verehrt. Ein kleines Museum zeigt Ikonen und andere Kunstschätze aus dem Besitz des Klosters.

Geroskípou ► B 8

Der Ortsname bedeutet ›Heiliger Hain‹. In der Antike durchquerten die in Néa Páfos angekommenen Pilger auf ihrem Weg zum Aphrodite-Heiligtum von Paleó Páfos hier einen der Göttin geweihten Garten, in dem an der Stelle der heutigen Dorfkirche ein Altar stand. Mit ihren sechs Kuppeln gehört die Kirche zu den ältesten intakten Gotteshäusern der Insel (tgl. 8–13 und 14–17 Uhr, Nov.–April bis 16 Uhr). 200 m östlich von ihr kann man im Volkskundlichen Museum in der Villa eines britischen Konsuls aus dem 19. Jh. sehen, wie in dieser Region damals Naturseide gewonnen und verarbeitet wurde.

Geroskípou, mit Páfos fast zusammengewachsen, ist auf Zypern wegen seiner hier in mehreren Konditoreien am Dorfplatz hergestellten Loukoúmia berühmt, mit Puderzucker bestäubte weiche Pralinen aus eingedickten Fruchtsäften. Entlang der Hauptstraße haben sich mehrere Töpfereien niedergelassen.

Panagiá ▶ C 7

Das Weinbauerndorf in über 800 m Höhe ist der Geburtsort des Erzbischofs Makarios. Im **Makarios Historical & Cultural Centre** (an der Hauptstraße direkt am Makarios-Denkmal, tgl. 9–13, 15–18 Uhr, Eintritt 0,50 €) zeigt eine Ausstellung überwiegend Fotos und Dokumente aus seinem Leben. Hier erhält man auch den Schlüssel zum **Makarios Birthplace,** dem Geburtshaus des berühmten Erzbischofs und Präsidenten. Am meisten erstaunt die Ärmlichkeit des Elternhauses dieses modernen zypriotischen Nationalhelden. Fotos erläutern seinen Lebensweg.

2 km außerhalb des Dorfes bietet sich vom **Kloster Chrysorogiátissa** ein prächtiger Blick in die Landschaft Der im 12. Jh. gegründete und im 18. Jh. in seiner heutigen Form erbaute Konvent ist der einzige Zyperns mit eigener Weinkellerei (Verkauf im Kloster-

Die Coral Bay besitzt einen der schönsten Strände Zyperns

hof). Ein modernes Museum zeigt Ikonen und andere Kostbarkeiten aus dem Klosterbesitz.

Neben dem Eingangstor zum Kloster hat im Sommer eine empfehlenswerte Taverne mit prächtiger Aussichtsterrasse geöffnet.

Paleó Páfos und Pétra tou Romioú

direkt 11 ▶ S. 91

Pólis ▶ B 6

Die Kleinstadt mit rund 2000 Einwohnern an der Nordküste hat ihren ländlichen Charakter trotz inzwischen steigender Urlauberzahlen bewahrt. Mittelpunkt ist die kurze Fußgängergasse zwischen der Hauptkirche und der Platía mit der kleinen Markthalle; zum Baden geht man entweder westwärts an den langen, sich bis über Lakkí hinaus erstreckenden Kiesstrand oder zum Kieselsteinstrand am Rande eines Eukalyptus-Waldes.

Archäologisches Museum
Leofóros Arch. Makaríou, April–Okt. Mo–Fr 10–13 und 14–18, Nov.–März Mo–Fr 10–16, ganzjährig Sa 10–13 Uhr, Eintritt 1,70 €
Funde aus dem antiken Stadtkönigreich Márion, dessen Zentrum das heutige Pólis war.

In der Umgebung
Páno Pýrgos (▶ C 5): Das 3 km südlich des Küstenortes Káto Pyrgos am Hang des Tróodos gelegene Dorf Páno Pyrgos ist das Zentrum der Holzkohlengewinnung in Südzypern. Vor allem im Sommer, wenn es ausreichend trocken ist und wenig Wind weht, sind hier Dutzende von Kohlemeilern in Betrieb. Die Köhler lassen sich aber ungern fotografieren, also immer vorher fragen!

Übernachten
Familiär – **Follow the Sun:** Nahe der modernen Hauptkirche, Tel. 26 32 15 43, www.followthesun.com.cy, DZ Winter ab 25, Sommer ab 60 €. Freundlich und familiär geführte Anlage mit 15 Apartments. Pool in schönem Garten. WLAN kostenlos.

Am Meer – **Natura Beach:** 1400 m östlich des Stadtzentrums am Strand, Tel. 26 32 31 11, www.natura.com.cy, DZ Ü/F Aug.–Okt. 109, sonst 99 €. Das beste Hotel von Pólis liegt unmittelbar am Meer. Das umweltbewusst geführte Haus bietet seinen Gästen einen kleinen Pool, eine große Liegewiese und Mountainbike-Verleih. WLAN (Wi-Fi) gibt es kostenlos.

Essen und Trinken
Zum Wohlfühlen – **Art Café Kivótos 3000:** Zwischen Dorfplatz und Polizeirevier, Juli–Okt. Mo–Sa 17–24, Di–Sa auch 11–14; sonst Di–Sa 11–18 Uhr. Vom deutsch-zypriotischen Paar Tina und Sávvas Tamamoúnas geführtes Lokal mit Garten, viel Kunst innen und außen und sehr guten Kinderspielmöglichkeiten. Zu essen gibt es Kuchen, Waffeln, Eis und Yoghurt; Getränkespezialität ist der ›Soft Angel‹, eine alkoholarme Mischung aus Orangensaft, zypriotischem Fílfar-Likör und Vanilleeis.

Sehr freundlich – **Moustakállis:** 15 m unterhalb der Platía, von der Fußgängergasse aus zu sehen, tgl. ab 18 Uhr, Hauptgerichte ab 9, Kléftiko 12 €. Taverne mit frischen Blumen auf dem Tisch. Freundlicher Service, nach dem Essen bekommt man zur Rechnung Brandy, Oúzo oder Likör auf Kosten des Hauses und einen Handschlag vom Kellner obendrein. ▷ S. 94

11 | Im Reich der Aphrodite – Paleó Páfos

Karte: ▶ B 9 | **Dauer:** Einstündiger Rundgang und etwas Autofahrt

Auf Zypern ist die antike Göttin der Liebe und Schönheit zu Hause. Zuerst gehen Sie an den Strand, an dem sie erstmals irdischen Boden betrat. Dann besuchen Sie das Heiligtum zu ihren Ehren, das in der Antike viele Jahrhunderte lang Pilger aus dem ganzen Mittelmeerraum anlockte – der ›Liebe‹ wegen.

Geburt einer Göttin

›Felsen des Römers‹, **Pétra tou Romíou** **1**, nennen die Zyprioten die Felsbrocken, die zwischen zwei langen Kiesstränden vor der Südküste liegen. Die Griechen des Mittelalters betrachteten sich selbst ja als Rhomäer, als legale Nachkommen des Römischen Reichs. Ihr größter Sagenheld, Digénis, warf diese Felsen angeblich vom anatolischen Festland her an diese Stelle, um arabische Plünderer zu vertreiben. Heute hat sich die Fremdenverkehrswer-

bung ihrer bemächtigt und nennt den östlich angrenzenden Strandabschnitt Aphrodite Beach und erklärt ihn zu dem Stück Erde, an dem die schöne Göttin, »schaumgeboren« dem Meer entstieg.

Ihre Schöpfungsgeschichte erzählte schon der Dichter Hesiod um 700 v. Chr. Chronos, der Vater des Zeus, hatte seinen Vater auf Geheiß der Mutter mit einer Sichel entmannt und das herrenlose Glied ins Meer geworfen. Daraus bildete sich spermaähnlicher Schaum, aus dem wiederum Aphrodite erwuchs. Lange trieb sie auf dem Meer herum, bis sie endlich Zypern erreichte und hier dem Wasser entstieg. Ihre ersten Schritte führten sie nach Paleó Páfos, wo ihr die Zyprer später ihr bedeutendstes Heiligtum errichteten.

Prostitution im Tempel

Das **Aphrodite-Heiligtum** **2** aus der Römerzeit liegt auf einem der flachen Plateaus direkt über der Küstenebene beim Dorf Koúklia. Schon von weitem ist sein Standort an der direkt am Plateauabfall erbauten mittelalterlichen Festung Covocle zu erkennen. In der Antike lag es auf dem Gebiet von **Paleó Páfos,** das bis zur Gründung von Néa Páfos Hauptstadt des Stadtkönigreichs Páfos war.

Vom heutigen Eingang aus geht der Besucher direkt auf die Festung zu. Links des Weges sind zunächst die Überreste eines römischen Platzes zu sehen, der auf drei Seiten von Gebäuden umstanden war. Durch einen Durchgang im Ostflügel, von dem Teile des Mosaikfußbodens gut erhalten sind, betraten die Pilger das Heiligtum. Sie kamen nicht nur zum großen Frühlingsfest der Aphrodisien, sondern das ganze Jahr über.

Was im Heiligtum geschah, wissen wir nicht genau. Herodot, ein griechischer Historiker des 5. Jh. v. Chr., berichtet aber, an einigen Orten auf Zypern habe der gleiche Brauch der Tempelprostitution geherrscht wie in Babylon. Von dem berichtet er dann auch Genaueres: Jedes Mädchen musste sich vor ihrer Eheschließung im Tempel einem Fremden hingeben. Die Mädchen warteten im Heiligtum mit einem Seil auf dem Kopf, das wie eine Krone wirkte, auf ihren Freier. Die männlichen Pilger suchten sich nach Gefallen ein Mädchen aus, indem sie zu ihm sagten »Ich rufe die Göttin über dich« und ihr eine beliebige Münze vor die Füße warfen. Die Erwählte hatte keinerlei Einspruchsrecht, durfte aber nach Erfüllung ihrer göttlichen Pflicht nach Hause gehen, um dann eheliche Pflichten zu übernehmen.

Stein statt Statue

Ans römische Heiligtum schließt sich Richtung Festung der **Heilige Bezirk** 3 an, in dem die eigentlichen Kulthandlungen vollzogen wurden. Große bronzezeitliche Monolithen markieren ihn. Aphrodite war beim Kult nicht in Form einer Statue, sondern eines dunklen, senkrecht stehenden Steins anwesend – wohl ein Hinweis auf uralte, vorgriechische Ursprünge der Verehrung.

Begegnung mit Homer

Vermutlich handelt es sich bei diesem Objekt der Verehrung um genau jenen dunklen Stein, der heute in Saal 1 des kleinen Museums in der **Festung Covocle** 4 zu sehen ist. Weniger bedeutsam, aber viel schöner ist in Saal 2 ein erst 2007 gefundener Sarkophag aus dem 5. Jh. v. Chr. mit bemalten Reliefs an seinen Außenwänden. Auf einer Schmalseite sieht man einen Löwen und einen Eber vor einer Zypresse und einer Palme, auf der anderen einen antiken Soldaten, der einen verwundeten Kameraden geschultert hat. Die Längsseiten sind Szenen aus den beiden homerischen Epen »Ilias« und »Odyssee« gewidmet. In der Ilias-Szene haben Odysseus und Diomedes gerade die Pferde des Königs Resos von Thrakien gestohlen und werden jetzt vor den Mauern von dessen Stadt von einem Reiter und zwei Streitwagen mit je zwei Kriegern angegriffen. In der Odyssee-Szene entkommen Odysseus und drei seiner Kumpane gerade dem einäugigen Riesen Polyphem. Um nicht entdeckt zu werden, haben sie sich unter Widder geschnallt.

Verführer Zeus

Unmittelbar links vom Ausgang aus Saal 2 hängt ein Mosaik aus dem 3. Jh. v. Chr., das Leda mit dem Schwan zeigt. Dessen Gestalt nahm Göttervater Zeus an, um sich der jungen Königstochter zu nähern. Aus ihrer Verbindung entsprangen die Zwillinge Kastor und Pollux, Beschützer der Seefahrer, und die schöne Helena, deren Entführung später Anlass zum Kampf um Troia gab. Betritt man nach Verlassen der Festung über vier Stufen gleich den ersten Weg nach links, kommt man am Zaun der Grabungen entlang zu einer Kopie am Original-Fundort des **Leda-Mosaiks** 5 .

Umgürtete Kirche

Außerhalb der archäologischen Stätte steht direkt an der östlich an den Ausgrabungen entlangführenden Straße zurück zur Küstenebene die **Kirche Katholikí** 6 . Diese mittelalterliche Marienkirche ist zwar stets verschlossen, aber ihre Besonderheit offenbart sie ohnehin rund um ihre Außenwände. Die Kirchenmauern sind mit dicken Bindfäden umwickelt. Noch bis vor 20 Jahren wurde dieser Brauch bei mehreren zypriotischen Kirchen praktiziert, doch war er den Kirchenoberen ein abergläubischer Dorn im Auge, dem man Einhalt gebot. Nur hier blieb er wegen der unmittelbaren Nähe zu seinem Ursprung erhalten.

Die Bindfäden stehen für Kordeln und diese wiederum für den Gürtel der heidnischen Aphrodite. Dem Mythos nach machte er jeden, der ihn sah, unterblich in die Göttin verliebt. Im Christentum trat Maria an die Stelle Aphroditens. Auf Zypern übertrug man ihr den Wunder wirkenden Gürtel, indem man ihn um Marienkirchen wand.

Infos

Öffnungszeiten von Museum und Ausgrabungen: Tgl. 8–16 Uhr, Mi 8–17 Uhr, Eintritt 3,40 €.

Essen und Trinken

Pétra tou Romíou 1 : 500 m östlich der Felsen der Uferstraße, gut ausgeschildert, tgl. ab 9 Uhr, Espresso 2,50 €, Soft Drinks 2 €, Eisbecher 3,50–4,50 €, Kléftiko 13 €. Eine besonders schöne Ansicht von Felsen und Strand genießt man von der Terrasse dieses gut geführten Aussichtslokals aus.

Lokale in Koúklia 2 : 50 m vom Parkplatz der Ausgrabungen entfernt stehen zwei Kafenía und zwei Tavernen zur Auswahl. Stimmungsvoll folkloristisch gestylt ist die Ouzerí Efraím (tgl. ab 11 Uhr, Sheftaliá 10 €).

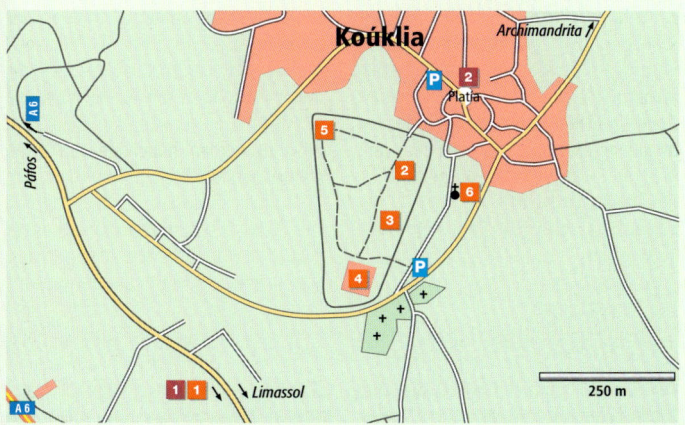

Ausgehen

Gute Unterhaltung – **Costa's Corner:** Odós Gríva Dighéni 6 (am nördlichen Anfang der gewundenen Dorfstraße), tgl. 10–2 Uhr, Glas Wein 2 €, englisches Frühstück 5,50 €. Kleine Bar mit schöner Terrasse. Wirt Costas und seine Frau María sind sehr gesprächsfreudig (auf Englisch); gespielt wird überwiegend Musik der 1970er- bis 1990er-Jahre. WLAN kostenlos.

Sport und Aktivitäten

Mountainbike-Vermietung – **Sávvas** Odós Pávlou Georgíou (in der Gasse zwischen Platía und Polizeistation), Tel. 99 65 53 42.

Infos und Termine

CTO: Odós Vas. Stasioíkou A' 2, Tel. 26 32 24 68, www.polis-municipality-cyprus.com.
Busverkehr: Mit Páfos Mo–Fr mindestens 10 x tgl., Sa 6 x tgl., mit Pómos Mo–Fr 4 x tgl., Sa 3 x tgl.

Lakkí ▶ A 6

Noch vor 15 Jahren war Lakkí (das auch Latsí oder Latchí geschrieben wird) ein winziger Weiler mit einem gut geschützten Fischerhafen und nur wenigen Tavernen. Jetzt entwickelt es sich immer mehr zu einem stark besuchten Badeort. Lange Kiesstrände liegen zu beiden Seiten des Hafens.

In der Umgebung

Loutrá tis Afrodítis (▶ A 6): Siehe S. 95

Übernachten

Gute Gastgeber – **Aphrodite Beach:** Außerhalb Richtung Loutrá tis Afrodítis, Tel. 26 32 10 01, www.aphrodite-beachhotel.com, DZ Ü/F 65–75, Nov.–

März 45–60 €. Strandhotel in unverbauter Natur, schöner Garten, familiär geführt. 40 Zimmer, WLAN in der Lobby.
Dorfähnlich – **Elía Latsí Holiday Village:** Südlich der Küstenstraße am östl. Ortsrand, Tel. 26 32 23 10, www.elia village.com, im Winter geschl., DZ Ü/F April–Okt. 60–118 €. Weitläufiges Feriendorf, an einem Hang mit viel Grün gelegen, mit zwei Pools und einem kleinem Hallenbad. 200 m vom Strand entfernt. 98 Apartments für bis zu vier Personen. Gut auf Familien mit Kindern eingestellt.

Essen und Trinken

Direkt am Wasser – **Ttákas Bay:** An der Straße zum Bad der Aphrodite, Kléftiko 9,60, Mezé 12–14, Flasche Wein 9–12 €. Urige Strandtaverne, sonntags oft sehr gutes Kléftiko. Im Winter sitzt man innen am Kamin.
Boote davor – **Yiangos & Peter:** Am Hafen, Fisch-Mezé 15, Kléftiko 13, Flasche Wein 11–27 €. Traditionsreichste Taverne im Ort, Treffpunkt der lokalen Fischer. Große Auswahl, sehr freundlicher Service.

Sport und Aktivitäten

Glasbodenbootsfahrt – In der Saison tgl. von 10.30–13.30 Uhr, 18 €. Fahrt entlang der Halbinsel Akámas, Fische bekommt man dabei allerdings kaum zu Gesicht.
Tauchen und Wassersport – **Aquaplanet:** Am westlichen Hafenrand, Büro in Pólis, Odós Agíou Nikólaou 31, Tel. 26 81 50 36, www.cyprusscubadiving.com. Tauchschule und gut ausgerüstete Wassersportstation mit großem Angebot.

Akámas-Halbinsel ▶ A 6

direkt 12 ▶ S. 95

12 | Wie in alter Zeit – die Akámas-Halbinsel

Karte: ▶ A 6 | **Dauer:** ganztägiger Ausflug mit Mietfahrzeug

Die Zukunft der bisher noch völlig unverbauten Halbinsel im Westen Zyperns ist zwischen Naturschützern, Baulöwen und Einheimischen umstritten. Der Trend geht zur Schaffung eines echten Nationalparks. Am östlichen Rand der Halbinsel zieht sich ein Bogen stiller Dörfer entlang, in denen sich die Insel noch sehr untouristisch präsentiert.

Antiker Auftakt

Diese Ganztagestour beginnt an den **Loutrá tis Afrodítis** 1 westlich von Lakkí, wo aller Asphalt endet. In dem von dichtem Grün verborgenen, vor einer niedrigen Felswand gelegenen winzigen Quellteich hat der Legende nach einst die Liebesgöttin Aphrodite gebadet, bevor sie ihren Geliebten Akámas traf. Nordwestlich des romantischen Ortes endet die Asphaltstraße im Bergdorf **Néo Chorió** 2. Direkt an der

Hauptstraße macht ein Schild auf das Atelier der Töpferei Triskélion aufmerksam. Der armenische Zyprer Ara Nigogossian und seine amerikanische Frau Nancy produzieren hier schon seit 1988 die einzigen hochwertigen Kopien antiker zyprischer Keramik (Mo–Fr 10–17, Sa 10–13 Uhr, www.triskelionpottery. com).

Traditionelles Handwerk

Die östlichste Nord-Süd-Verbindung der Insel führt von Polis über Droúseia an die Südküste und passiert dabei die sogenannten **Laóna-Dörfer** (›Höhendörfer‹). Eine von der EU geförderte Stiftung hat sich die Aufgabe gestellt, diese Dörfer wieder zum Leben zu erwecken und hier den Agrotourismus nachhaltig zu entwickeln.

In **Droúseia** 3 liegt direkt an der Durchgangsstraße das kleine Weberei-Museum, in dem auch Kokons von Seidenraupen und Arbeiten daraus zu sehen sind. Einen Kaffee wert ist das schlichte Kafenío gleich gegenüber, dessen Innenraum mit steinernem Bogen und Holzdecke typisch für alte zypriotische Häuser ist.

Das Korbflechter-Museum am Kirchhof der Dorfkirche von **Ineiá** 4 besitzt eine sehr schöne Sammlung verschiedenster zypriotischer Korbtypen. Auch heute noch auf Märkten erhältlich ist der schmale, hohe Korb, in dem früher die Leimruten von Vogelfängern transportiert wurden. Als Souvenir erworben, eignet er sich gut als Schirmständer. Was wie ein Katzenkorb aussieht, diente für den Hühnertransport zum Markt, im Doppelkorb mit Doppelbügel transportierten die Frauen früher die Wasserkrüge vom Dorfbrunnen nach Hause.

Von **Káthikas** 5 führt eine Straße an der tagsüber zu besichtigenden **Weinkellerei Stérna** 6 vorbei nach **Káto Arkoudaleiá** 7, wo das Folk Art Museum in den drei Räumen der alten Dorfschule traditionelles Hausgerät, Werkzeuge und landwirtschaftliche Gerätschaften zeigt.

Baden und mehr

Die Hauptstraße von Káthikas an die Küste senkt sich bald in zahlreichen Kurven gut ausgebaut dem Meer entgegen und bietet mehrfach einen prächtigen Panoramablick auf die Stadt Páfos und das Meer. Sie passiert das große Dorf **Pégeia** 8 (sprich: Péja) mit zahlreichen Tavenen und Pubs für die vielen Briten, die in der Umgebung Ferienhäuser erworben haben. Ein altes zypriotisches Volkslied behauptet, in diesem Dorf lebten die hübschesten Mädchen der Insel – heute sieht man eher Engländerinnen im Rentenalter…

Die Tagestour endet in **Ágios Geórgios** 9 an der Südküste. Oberhalb des Steilabfalls zum Meer hin sind die Grundmauern von drei frühchristlichen Basiliken aus dem 6. Jh. mit einigen schönen Mosaikfußböden zu besichtigen. Am modernen Fischereischutzhafen mit seinen vielen Fischerbooten bietet ein winziger Sandstrand auch Gelegenheit zum Baden. Weiter auf die Akámas-Halbinsel führen von hier aus nur noch Jeep-Pisten.

Infos
Museen: Webereimuseum in **Droúseia** 3 Mo–Fr 8.30–12 und 14–16, Sa 8.30–12 Uhr, Eintritt 0,50 €. **Korbflechtermuseum** in **Ineía** 4 Mo–Sa 11–13, Juni–Sept. auch 16–19 Uhr, Eintritt frei. **Folk Art Museum** in **Káto Arkoudaleiá** 7, Mo–Fr 8–14.30, Do 8–17 Uhr, Eintritt 1,30 €.

Geführte Wanderungen
Ecología Tours 1: Páfos (Ktíma), Odós Agíou Theodórou 2, Tel. 26 94 88 08, www.wandern-zypern.de, Büro Mo–Sa 11–13 Uhr. Chrístos, der in München Geologie studierte, und seine deutsche Partnerin Sabine bieten verschiedene geführte, umweltbewusste Wanderungen auf der Akámas-Halbinsel an.

Ländlich wohnen
Sappho Manor House 1: Droúseia, Hauptstraße, Tel. 26 33 26 50, www.agrotourism.com.cy, DZ ab 50 €. Wer Ruhe, einen schönen Blick und Abende in Dorftavernen schätzt, wohnt bei Andréas Argyrópoulos richtig, der lange in Südafrika lebte. Er vermietet vier Studios in einem Haus mit kleinem Pool, sein besonderer Stolz ist die Waschmaschine zur Nutzung durch die Gäste.

Nach Zypern zur Kur
Ayii Anargyro 1: Ausgeschildert an der Hauptstraße von Páfos nach Pólis,

Tel. 26 81 40 00, www.aasparesort.com, DZ Ü/F Juli–Sept. 169–650 €, sonst 137–650 €, Nutzung des Schwefelwasserpools 45 €/45 Min. Am Rande der Akámas-Halbinsel entspringen unterhalb von Káthikas die schwefelhaltigen Quellen von Agíi Anárgyri.

Ganz in ihrer Nähe ist 2009 Zyperns einziges Kur- und schönstes Wellnesshotel entstanden, dessen Einrichtungen auch Tagesgäste nutzen können. Wer hier wohnt, kann sogar Zimmer buchen, in denen das heilkräftige Wasser aus den Hähnen fließt.

Nordzypern

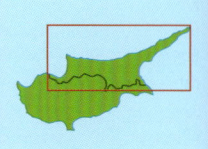

Girne/Kyrenia ▶ G 4

Das Städtchen Kyrenia, das die Türken Girne nennen, versprüht den Charme der Cote d'Azur und gilt vielen Zyprioten als schönster Ort der Insel. Die Altstadt zieht sich vom halbrunden mittelalterlichen Hafen mit seiner mächtigen venezianischen Festung landeinwärts, wo die bizarr geformten Gipfel des alpinen Kyrenia-Gebirges nur wenige Kilometer vom Meer entfernt bis über 700 m hoch aufragen.

Das moderne Kyrenia zieht sich kilometerlang am Meer entlang. Mit Stränden kann die Stadt selbst allerdings nicht dienen. Sie liegen in den Vororten zu beiden Seiten, wo auch die meisten Badehotels der Nordküste stehen.

Hafen

Im mittelalterlichen Hafen liegen heute nur noch Yachten und Ausflugsboote, die Fähren vom Festland her steuern den neuen Hafen ca. 2 km östlich an. Tische und Stühle von Cafés und Restaurants säumen das Halbrund vor meist unverputzten Natursteinhäusern. Im Westen steht das heute von der Tourist-Information genutzte britische Zollgebäude von 1914. Im Mittelalter konnte von hier aus eine Kette zum Türmchen im Hafenbecken gespannt werden, um feindlichen Schiffen die Einfahrt zu verwehren. Im Süden ragt das kleine Minarett der 1589 erbauten Cafer Paşa-Moschee aus der Altstadt heraus, im Westen steht leicht erhöht die seit 1974

verwaiste orthodoxe Kirche, die jetzt als Ikonenmuseum dient. Der alles beherrschende Bau am Hafen ist freilich die imposante venezianische Burg.

Burg

Mai–Sep. tgl. 9–20, sonst 9–16.45 Uhr, Eintritt ca. 6 €
Von den Mauern der Burg aus bietet sich ein guter Blick über den Hafen und gen Südwesten bis hinauf zur Burg St. Hilarion (S. 100) auf einem der Gipfel des Kyrenia-Gebirges. Einige Räume der Burg werden als archäologisches Museum genutzt. Bedeutendstes Objekt ist das Wrack eines Frachtseglers, der um 300 v. Chr. vor der Hafeneinfahrt sank und 1969 von amerikanischen Unterwasserarchäologen geborgen wurde. An Bord des über 14 m langen Bootes fanden sie 400 Weinamphoren, 29 steinerne Getreidemühlen und 9000 Mandeln in verschiedenen Krügen, die zum Teil ebenfalls ausgestellt sind.

Übernachten

*Einzigartige Lage – **White Pearl:** Ha*fen, Tel. 39 28 15 04 29, www.white pearlhotel.com, DZ Ü/F 68 €. Der zweigeschossige Bau mit 10 (relativ kleinen) Zimmern steht direkt am Hafen. Wer in den Zimmern 24–26 im Ober- oder 15 und 16 im Untergeschoss wohnt, sitzt auf seinem Balkon wie in einer Theaterloge mit dem Hafen als Bühne. Das Haus wird vom gut Englisch sprechenden Inhaber sorgsam geführt, WLAN-Nutzung kostenlos. Einziges Minus: die

Musik aus den Lokalen auf dem Kai kann Geräuschempfindliche stören! *Paradiesischer Garten* – **Riviera Beach:** Tel. 39 28 22 20 26, www.rivierahotel-northcyprus.com, DZ Ü/F April–Juni 48–67, Juli–Okt. 53–72 €, Nov.–März 37–53 €. Bungalowhotel westlich Kyrenias in üppigem Garten am Sandstrand, sehr familienfreundlich.

Essen und Trinken

Frischer Fisch – **Canli Balik:** Hafen, Tel. 39 28 15 42 18, tgl. ab 11 Uhr. Der Name des Restaurants ist Programm – er bedeutet schlicht »Frischer Fisch«. Man kann ihn hier im Rahmen eines Mezé-Essens genießen. Im Preis von ca. 12,50 € sind 15 verschiedene Vorspeisen, ein ganzer Fisch, Kaffee und Brandy zum Abschluss enthalten.

Preiswerter Mittagstisch – **Café de Paris:** Vakiflar Pasaji 11 (am Kreisverkehr), tgl. ab 9 Uhr. Die Markttaverne serviert türkische Kebabs (Adana Kebab ca. 6 €) und indische Curries (ca. 9–11 €). Die Dessert-Karte ist dank Fotos und englischen Erklärungen bemerkenswert aufschlussreich (Desserts meist 2 €).

Einkaufen

Bestens sortiert – **Round Tower:** Atilla Sokak 2. Das beste Souvenirgeschäft Nordzyperns ist in einem Rundturm der mittelalterlichen Stadtmauer am oberen Altstadtrand untergebracht und führt neben traditioneller Handwerkskunst auch Bücher und Aquarelle.

Ausgehen

Very british – **Horseshoe Bar:** Atilla Sokak 30 (nahe dem Nordtor des Kirchhofs), tgl. ab 20 Uhr. Die Bar in einer Altstadtgasse ist beliebter Treffpunkt der in Kyrenia lebenden Ausländer.

Sport und Aktivitäten

Paragliding – **Highline Air Tours:** Hafen, Tel. 54 28 55 56 72, www.highlineparagliding.com, Flug inkl. Hoteltransfer 70 €, Zeitaufwand ca. 2 Std. Zusammen mit einem erfahrenen Paraglider können Mutige Kyrenia auch aus der Luft

Romantische Hafenidylle in Kyrenia, das die Türken Girne nennen

genießen. Der Start erfolgt in 750 m Höhe westlich der Burg St. Hilarion, der Landeplatz liegt am Meer. Die bisher älteste Mitgleiterin war 100 Jahre alt.

Berge und Meer – **Bootstouren:** Vom Hafen aus starten den ganzen Tag und auch abends noch Boote zu etwa dreistündigen Fahrten entlang der Küste (ca. 18–25 €).

Reiten – **Riding Club:** Çatalköy, einwöchiger Reiturlaub, buchbar unter www.catalkoyridingclub.com.

Infos und Termine

Girne Marina Turizm Ofisi: Im alten Zollgebäude, westliche Hafenseite, Tel. 39 28 15 60 79.

Minibusse/Sammeltaxis nach Nicosia, Güzelyurt, Famagusta und in die Nordküstendörfer fahren am Kreisverkehr am oberen Altstadtrand ab.

Güzelyurt/Mórfou ▶ E 5

Die verschlafene Landstadt im größten Orangenhain Zyperns kann man getrost durchfahren. Einen Besuch lohnt höchstens das **Archäologische Museum** im ehemaligen Bischofspalast gleich neben alter Kirche und neuer Moschee (Mai–Sept. tgl. 9–18.30, sonst 9–16.30 Uhr, Eintritt ca. 3,50 €). Es birgt eine 1960 im Meer gefundene Statue vom Typus der ›Vielbrüstigen Artemis‹. Was wie Brüste aussieht, sind aber wahrscheinlich steinerne Nachbildungen von Hodensäcken von der Artemis geopferten Tieren.

Lefke/Léfka ▶ D 6

Die kleine Universitätsstadt in den Südausläufern des Tróodos-Gebirges erscheint wie eine orientalische Fata Morgana. Hunderte von Dattelpalmen stehen zwischen zumeist alten Häusern und Feldern zu beiden Seiten eines grünen, von einem Bach durchflossenen Tals, mehrere Minarette ragen in den Himmel. Noch orientalischer erlebt den Ort, wer in der alten Karawanserei übernachtet, die heute als kleines, stimmungsvolles **Hotel Lefke Gardens** fungiert (Tel. 728 82 23, www.lefkegardenshotel.com, DZ 40 €).

Sóli ▶ D 5

Von der antiken Stadt blieben die Grundmauern und Bodenmosaiken einer frühchristlichen Basilika und einige Sitzreihen des antiken Theaters erhalten. Dessen Ränge wurden im 19. Jh. abgebrochen und beim Bau des Suezkanals verwendet (Mai–Sept. tgl. 9–18.45, sonst 9–16.45 Uhr, Eintritt ca. 3,50 €).

St. Hilarion ▶ G 4

Kurz nach Überqueren der Passhöhe zwischen Nicosia und Kyrenia führt links eine Straße bergauf, die nach Durchqueren eines türkischen Militärgeländes vor einer der drei von den Lusignans im Kyrenia-Gebirge errichteten Burgen endet. Ihre zinnengekrönten und mit halbrunden Türmen gespickten Außenmauern umschließen einen 700 m hohen Felsen, auf dem weitere, dort rechteckige, Türme aufragen. In halber Höhe stehen Ruinen palastähnlicher Bauten, in denen es auch ein einfaches Café gibt. Von hier aus ist der Blick auf Kyrenia, die Küste und das Gebirge einfach fantastisch schön.

Bellapaís ▶ G 4

direkt 13 S. 101 ▷ S. 104

13 | Gotik in der Levante – Kloster Bellapaís

Karte: ▶ G 4 | **Dauer:** Besichtigungsrundgang, eine halbe Stunde 4. 4. 2012

Hoch über der grünen Küstenebene bei Kyrenia hat die französische Gotik ein Exil zwischen Palmen und Zypressen gefunden. Durch spitzbogige Maßwerkfenster grüßt die Levante. Im Kreuzgang wird das Leben der römisch-katholischen Mönche wieder vorstellbar, die fast 400 Jahre lang in der Abtei lebten.

Augustinermönche gründeten das Kloster Abbaye de la Paix, also die ›Friedensabtei‹, im Jahr 1205. Im Laufe des 13. Jh. übernahmen die Mönche die Ordensregeln der Prämonstratenser. Im 13. und 14. Jh. war das Kloster das bedeutendste der Insel; im 15. Jh. setzte sein Niedergang ein. Unter der Herrschaft Venedigs verwandelte es sich in einen ›Sündenpfuhl‹, über den ein venezianischer Inspektor berichtete, dass manche Mönche mit bis zu drei Frauen zusammenlebten, der Kinderreichtum der Mönche das Klostervermögen auffresse, die Bauten verfielen. Die Osmanen schließlich übergaben Bellapais der orthodoxen Kirche, die die Klosterkirche bis 1974 als Gemeindekirche nutzte.

Der britische Romancier Lawrence Durrell, der in den 1950er-Jahren in Bellapais lebte, machte in seinem Zypern-Buch »Bittere Limonen« das Dorf und einen Maulbeerbaum auf dem Dorfplatz unsterblich. Er nannte ihn den »Baum des Müßiggangs«. Wer unter seinem Nachfolger rastet oder dort gar in Durrells Buch liest, mag heute wie damals kaum noch aufstehen – so idyllisch ist es hier.

Viel gotisches Maßwerk

Den **Innenhof** des Klosters mit seinen vier schlanken, etwa 70 Jahren alten Zypressen umgab einst der teilweise noch gut erhaltene **Kreuzgang** 1 mit schönem gotischen Maßwerk in seinen 18 Spitzbogenfenstern. Durch seinen westlichen Teil, an dem Arbeitsräume und der Vorhof der Küche lagen, gelangen Sie zu einer Treppe. 21 Stufen führen in die zweigeteilte Krypta hinunter, das **Cellarium**. Beide Säle sind zweischiffig und von Kreuzrippengewölben überspannt. Sie dienten als Weinkeller und Vorratslager, werden heute gelegentlich für Kunstausstellungen genutzt.

Über der Krypta liegt das bestens erhaltene **Refektorium** 2. Vor seinem Eingang steht ein prachtvoller römischer Girlandensarkophag, den die Mönche als Trinkwasserbehälter nutzten. Der einfachere Sarkophag darunter diente als Becken zum Händewaschen.

Der Speisesaal der Mönche beeindruckt durch seine klare Formensprache und die sechs großen Fenster zum Meer hin, die auch schon den Mönchen einen prächtigen Ausblick bescherten. Im Osten der Nordwand führt eine steinerne Treppe im Mauerwerk auf die Kanzel hinauf. Dort saß während der Mahlzeiten ein Bruder und las aus der Bibel und anderen frommen Texten. Im Refektorium finden heute Konzerte im Rahmen der Festivals von Bellapais statt.

Schlafen und Studieren

Die Ostseite des Kreuzgangs nahmen die Wohnräume der Mönche ein.

Im kleineren **Kapitelsaal** 3 wurden den Mönchen Kapitel aus der Bibel vorgetragen. Hier steht eine antike Marmorsäule mit korinthischem Kapitell, die einst ein Schirmgewölbe trug. An den Pfeilerkonsolen sind – gerade noch erkennbare – sieben aus Stein gehauene Grotesken zu erkennen. Ein Mann trägt eine Leiter, ein anderer steht zwischen zwei Sirenen, ein Mann wird von wilden Tieren angegriffen, eine Frau liest. Auch eine Katze und ein Affe sind auszumalen.

Der größere der beiden Säle war Teil des **Dormitoriums** 4, eines zweige-

Übrigens: Im Kloster finden auch kulturelle Veranstaltungen statt. Eine feste Institution sind das **Spring Music Festival** in der ersten Mai-Dekade mit etwa sechs Konzerten (Klassik und Jazz, Eintritt ca. 10 €, Tel. 54 28 52 29 22) und das **North Cyprus International Bellapais Music Festival** zwischen etwa Mitte Mai und Mitte Juni (www.bellapaisfestival.com) mit etwa neun Konzerten.

schossigen Schlafsaals der Brüder. Interessant sind hier die vielen Ritzzeichen in den Steinblöcken der Wände. Sie wurden wohl von Steinmetzen angebracht, die damit ihr Tageswerk markierten, weil sie wahrscheinlich beim Klosterbau nach Stückzahlen vermauerter Steine entlohnt wurden.

Kirche ohne Gemeinde

Die **Klosterkirche** 5, der man auch aufs Dach steigen kann, ist ein Werk aus der Zeit um 1270. An den Wänden der offenen Vorhalle sind Reste von simplen Wandmalereien aus der Zeit um 1910 erhalten. Im überraschend großen Kircheninneren zeigt die Unordnung, dass der Kirche seit 1974 die Gemeinde fehlt. Das Kirchengestühl ist äußerst primitiv, schön sind aber die Holzschnitzereien am Bischofsthron und an der Kanzel. Die Ikonostase mit doppelter Bilderreihe stammt von 1884 und macht einen eher trostlosen Eindruck. Auch der Glockenträger auf der Kirche zeugt von arger Vernachlässigung: Von einst vier Glocken hängt jetzt nur noch eine darin – und wird vielleicht nie wieeder geläutet ...

Baum des Müßiggangs

Auf der Terrasse des einfachen Kaffeehauses direkt am Eingang zur Abtei hat sich ein Maulbeer- mit einem Feigenbaum vermählt. Stamm, Äste und Blätter durchdringen sich gegenseitig. Dort etwa stand einst der Baum, unter dem der britische Romancier Lawrence Durrell in den 1950er Jahren mit den Dorfbewohnern saß. Für ihn war es der **Baum des Müßiggangs** , weil es ihm – wohl verständlich – unsagbar schwerfiel, seinen Schatten, den herrlichen Blick, die Gespräche und den Wein zu verlassen.

Auch sonst ist die Terrasse von bunter Pflanzenwelt umgeben. Ein Mispel- und ein Granatapfelbaum, Geranien und Weinranken erfreuen das Auge. Die urigen Wirtsleute sind türkische Zyprer – sprechen aber auch gern Griechisch.

Infos
Öffnungszeiten: Mai–Sept. tgl. 9–20, sonst tgl. 9–16.45 Uhr, Eintritt ca. 4,50 €, Zeitbedarf ca. 20–45 Min.
Busverbindungen: Dolmuş-Taxis fahren in Girne/Kyrenia am zentralen Platz mit dem Kreisverkehr am Rand der Altstadt ab.

Essen und Trinken
Kybele : Am Rande des Klostergartens von Bellapais, www.kybele.biz, Hauptgerichte ca. 13–19 €. Wenn's auch nur durchschnittliche zypriotische und internationale Küche gibt, hat man doch einen fantastischen Blick auf Klosterruine, Meer und Kyrenia; dazu klassische Musik vom Band.

Übernachten
Ambélia Tourist Village : Am oberen Dorfrand, Tel. 39 28 15 36 55, www.cyprus-ambelia.com, DZ Ü/F 42–48 €, im Winter 33 €. Dorfähnliche, schon vor 1974 gegründete Bungalowanlage in einem üppigen Garten, Pool, Blick auf Kloster und Meer. Restaurant mit Gemüsen aus organischem Anbau.
Bellapais Gardens : Direkt unterhalb der Abtei, Tel. 39 28 15 36 55, www.bellapaisgardens.com, DZ Ü/F ab 90 €. Kleines Luxushotel mit Pool zwischen 200 Jahre alten Palmen und 17 Bungalows, exzellentem Restaurant. Herrlicher Garten, grandiose Lage, Fahrradverleih, Koch- und Malkurse.

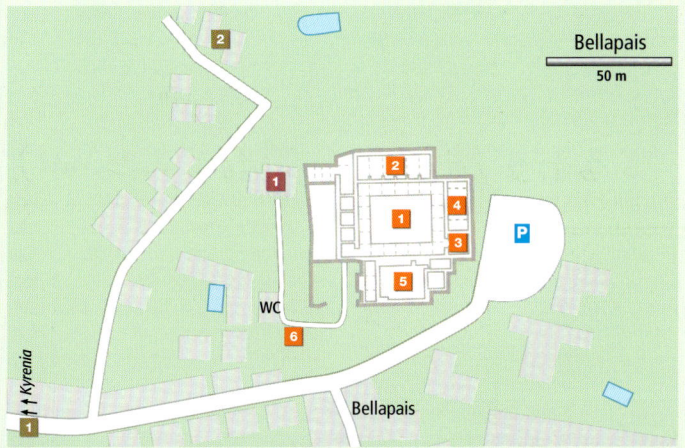

Famagusta

Sehenswert

Übernachten

Essen und Trinken

Famagusta ▶ L6

31.3.2012 *146* *(ca 10000 EinW)*

Die Stadt, die die Kreuzritter, Venezianer und Briten Famagusta, die Türken Gazimagusa und die Griechen Ammóchostos nannten, ist heute eine moderne Universitätsstadt mit kleinen Industriebetrieben und einem versandenden Hafen. Im späten 13. Jh., unter der Herrschaft der fränkischen Lusignan-Könige, entwickelte sie sich zu einem der großen Umschlagplätze im Handel zwischen Europa und der Levante. Die Altstadt (**direkt 14▶** S. 105) belegt noch sehr deutlich den einst sagenhaften Reichtum Famagustas. Ruinen stehen aber nicht nur innerhalb der mittelalterlichen Mauern. Am nördlichen Innenstadtrand liegt die Geisterstadt Varosha, in deren Hotels ▷ S. 107

14 | Geschichte überall – die Altstadt von Famagusta

Karte: ▶ L 6 | **Dauer:** Stadtspaziergang, zwei Stunden

Innerhalb der mächtigen Stadtmauern von Famagusta schaffen Ödflächen und gotische Kirchenruinen, britische Lagerhäuser und verlassene türkische Hamams eine ganz einzigartige Atmosphäre. Dank UN und EU zieht jetzt in manche Gassen wieder Leben ein, setzen Cafés und Restaurants Farbtupfer zwischen die Zeichen romantischen Verfalls in der vor 500 Jahren reichsten Stadt der Levante.

Spuren vergangener Pracht

Der vollständig erhaltene mittelalterliche Mauerring der Stadt ist 3500 m lang, bis zu 7 m dick und bis zu 18 m hoch. Dennoch mussten die Venezianer 1571 die weiße Fahne als Zeichen der Kapitulation vor den Osmanen auf dem mächtigsten Tor der Stadt, dem Landtor, hissen. Mit Zypern verloren sie ihren letzten Stützpunkt in der Levante.

Vom **Landtor** 1 führt die Fußgängern vorbehaltene Haupteinkaufsgasse der Altstadt, die Istiklal Caddesi, sanft abwärts. Textilien und Schmuck einfacher Art gehören zum Hauptangebot der kleinen Geschäfte. Nach 200 m erhebt sich linker Hand die **Sinan Pasha-Moschee** 2. Ursprünglich ließ sie ein venezianischer Kaufmann 1358–1360 aus dem Gewinn einer einzigen Handelsfahrt als dreischiffige Kirche St. Peter & Paul erbauen.

Direkt gegenüber stehen die hohen Außenmauern des **Palazzo del Provveditore** 3, des venezianischen Statthalterpalastes. Sein weiter Innenhof bietet viel Platz für ein schattiges Café zwischen antiken Säulenresten, Kanonen und mittelalterlichen Kanonenkugeln. In der Südwestecke des Platzes erhebt sich gleich die nächste Kirche als Ruine. Durchs Mauerwerk der gotischen **Franziskanerkirche** 4 hindurch blickt man auf die niedrigen Kup-

105

peln eines nicht mehr genutzten Hamams.

Im Zentrum

Die **Kathedrale** `5` entstand 1298–1326 im reinsten gotischen Stil. Die Osmanen fügten ihr 1571 ein Minarett hinzu, schlugen einen Mihrab als Gebetsnische in die Südwand – und fertig war ihre Moschee. Die Sykomore links vor der Westfassade ist so alt wie das Gotteshaus.

An der Nordseite der Kathedrale entlang führt die Limin Yolu zum Seetor hinunter. Gleich links wurde die alte **Markthalle** `6` in ein Gastro-Zentrum verwandelt, die sich anschließenden britischen **Lagerhäuser** `7` wurden restauriert und beherbergen jetzt Läden verschiedenster Art.

Othellos Burg

Dem heute verschlossenen **Seetor** `8` kann man aufs Dach steigen und überblickt von dort Altstadt und Hafen. Folgt man der Stadtmauer vom Seetor aus nach Norden, gelangt man nach 200 m zum **Othello Castle** `9`, einer Zitadelle mit besonders schönem Markuslö-

wen über dem Eingang. Hier siedelt die Legende das Eifersuchtsdrama zwischen Shakespeares Helden Othello und seiner Desdemona an.

Übrigens können Sie es nachspielen, wenn sie den Text mit sich führen: Im Innenhof der Zitadelle wartet eine steinerne Bühne auf mutige Laienschauspieler!

Noch mehr Ruinen

Um das vollständige Famagusta-Feeling zu bekommen, sollten Sie nun wieder am Seetor vorbeigehen und dann in die erste Straße nach rechts abbiegen. Sie kommen durch öde Wildnis zur ehemals orthodoxen Kathedralenhülse **Ágios Geórgios** `10`, der einzigen orthodoxen Kirche im gotischen Stil, an die sich an der Südwand unmittelbar eine traditionelle byzantinische Kreuzkuppelkirche anschließt. Nach wenigen Schritten stehen Sie wieder an der Kathedrale. Abschließend sollten Sie unbedingt noch mit einem Taxi oder dem eigenen Fahrzeug eine Altstadtrundfahrt auf der Innenseite der Stadtmauern unternehmen – dann werden Sie die Bilder von Famagusta nie wieder vergessen.

Infos

Zeitbedarf: Mindestens 2 Std.
Moschee: Außerhalb der Gebetszeiten frei zugänglich.
Othello Castle: Mai–Sep. tgl. 9–19, sonst tgl. 9–13 und 14–16.45 Uhr, Eintritt ca. 3,50 €.
Parken: In der Altstadt stehen zahllose gebührenfreie Parkplätze zur Verfügung, auch nahe den Stadttoren innerhalb des Mauerkranzes.

Essen und Trinken

Gingko `1`: An der Kathedrale, tgl. ab 10.30 Uhr, Hauptgerichte 18–28 €. Das Restaurant in einer ehemaligen

Koranschule (Medrese) und auf dem Vorplatz der Kathedrale ist um originelle, dem Standort gemäße Küche bemüht. Etliche Rezepte wurden alten Kochbüchern aus dem 17. und 18. Jh. entnommen, stammen aus Frankreich, Deutschland und Österreich. So gibt es hier neben dem Üblichen z. B. auch Rosmarinsuppe, gefülltes Lamm oder Hühnchen in Himbeersauce.
Petek Pastanesi `2`: Yesil Denik Sok. 1, tgl. 9–20 Uhr. Die wohl beste Konditorei Nordzyperns bietet eine riesige Auswahl an Torten, orientalischem Gebäck und Eis in gepflegtem Ambiente. Mitten im Gastraum steht ein Brunnen.

bis 1974 über 16 000 Urlauber nächtigen konnten. Heute ist sie ein Sperrgebiet, das vom türkischen Militär verwaltet wird.

Varosha (Varosia)

Varosha war bis 1974 das moderne Tourismuszentrum der Insel. Bei der Eroberung durch türkische Truppen im Sommer 1974 flohen Griechen und Urlauber Hals über Kopf; seither darf es kein Zivilist mehr betreten. Die Hochhäuser verrotten mit ihren Einschusslöchern, in den Regalen der Supermärkte ist die Ware verfault.

Den besten Eindruck erhält, wer auf der Uferstraße vom Hafentor Richtung Süden bis zum Sperrzaun fährt und dann zum Sandstrand geht. Dort kann man baden und Tretboote mieten – und hat die Geisterstadt unmittelbar vor sich.

Übernachten

Für eine Nacht – **Portofino** **1** : Fevzi Cakmak Bulvari 9, Tel. 39 23 66 43 92, www.portofinohotel-cyprus.com, DZ Ü/F ab 50 €. Einziges halbwegs modernes Hotel der Stadt, zwischen Landtor und Hafen an der Außenseite der Stadtmauer. Pool, 52 Zimmer.

Essen und Trinken

s. S. 106

Sálamis ► L 5   *31.3.2012*

Gelb blühender Riesenfenchel wuchert zwischen den Überresten der Stadt, die bis zum 4. Jh. v. Chr. das Zentrum des mächtigsten Stadtkönigreichs Zyperns war. Bis zu 100 000 Menschen lebten hier. Von den Rängen des Theaters für einst 15 000 Zuschauer überblickt man das weitläufige Gelände am Meer am besten. Von hier aus sieht man auch

schon das antike **Gymnasion,** dessen etwa 50 x 40 m großer Innenhof von Säulen umstanden ist. In einer Apside stehen mehrere Statuen, darunter eine besonders fotogene: Die schwarze, gesichtslose Dame ist Persephone, Tochter der antiken Göttin Demeter und Gemahlin des Totengottes Hades.

Ans Gymnasion grenzen die antiken **Thermen.** Wer Zeit hat, kann von hier aus auf verschiedenen Fußwegen durch die weitläufige Wildnis spazieren und stößt auf die Überreste eines antiken **Zeus-Tempels** und mehrerer **frühchristlicher Basiliken.** Eine ähnlich naturbelassene Ausgrabungsstätte wie Sálamis gibt es auf Zypern kein zweites Mal!

Nächstes Ziel sind die 2 km landeinwärts gelegenen **Königsgräber** aus dem 7. Jh. v. Chr., die 1962–1974 freigelegt wurden. Auf jeden Fall ansehen sollte man sich die Gräber 47, 49 und 50 östlich des kleinen Museums sowie gegenüber das durch Grabhügel und Schutzdach gut zu erkennende Grab 3. Von den Königsgräbern sind die Kuppeln des mittelalterlichen **Barnabas-Klosters** zu sehen, das eine kleine archäologische Ausstellung und Ikonensammlung birgt.

Übernachten und Essen

Beachlife light – **Koca Reis:** Nördlich der Ausgrabungen, gut ausgeschildert, Tel. 378 82 29, Fax 378 83 22, www. kocareisresort.com, DZ Juni–Sept. 50–60 €, sonst 30–40 €. Einfache Bungalowanlage mit großer Taverne und direktem Strandzugang, freundlich geführt von einer türkisch-zypriotischen Familie.

Dipkarpaz/ Rizokárpaso ► M–P 1–3
direkt 15 ► S. 108

15 | Ursprünglichkeit pur – Dipkarpaz/Risokárpaso

Karte: ► M–P 1–3 | **Dauer:** Ganztagestour mit dem Auto

Die fast nadelförmige Halbinsel im Nordosten Zyperns ist bis heute noch größtenteils von Massentourismus und Urbanisationen verschont geblieben. Sie entdecken Sandstrände, die an eine Sahara en miniature erinnern, und treffen mit großer Wahrscheinlichkeit sogar auf wilde Esel.

Touristischer Auftakt

Bogaz/Bogázi 1 , der letzte größere Ort vor der Fahrt über die einsame Halbinsel wartet mit einem schönen Platz und mehreren Tavernen direkt am Hafen auf. Es gibt ein gutes Hotel und einen kleinen Sandstrand direkt am Hafen – und in der Umgebung zahlreiche meist leer stehende Ferienhaussiedlungen.

Bafra/Vokolída 2 zeigt bedrohlich, wie sich der Massentourismus eines Tages seinen Weg noch weiter auf die Karpass-Halbinsel bahnen könnte. An einem viele Kilometer langen Sandstrand, an dem zuvor Meeresschildkröten ihre Eier ablegten, ist ein ›fantastisches‹ Hotelprojekt bereits vollendet. Es kommt bombastisch in Gestalt des antiken Artemis-Tempels von Ephesos daher, selbst die Celsus-Bibliothek von Ephesos wurde als Rahmen für die Pool-Landschaft nachgebaut. Ähnliche Projekte sind geplant, fressen bereits unberührte Natur. So soll z. B. ein Hotel in Form des römischen Colosseums entstehen. Die Gäste kommen überwiegend vom türkischen Festland.

Am Tatort

Links der schmalen Landstraße steht vor dem Dorf Genlicik die äußerlich gut erhaltene, ehemalige Klosterkirche **Panagía Kanakária** 3 aus dem 12. Jh. Aus ihr stammen die nach 1974 gestohlenen Mosaiken, die heute im Byzantinischen Museum von Nicosia (S.

38) ausgestellt sind. Als sie für eine noble US-amerikanische Kunsthändlerin in einem Genfer Auktionshaus versteigert werden sollten, wurden sie als Diebesgut erkannt. Ein US-Gericht ordnete 1989 die entschädigungslose Rückgabe der frühchristlichen Meisterwerke an die Kirche Zyperns an.

Das letzte Dorf

Durch reizvolle, im Frühjahr saftig grüne Landschaft führt die Straße nun an völlig untouristischen Dörfern und an Kaleburnu vorbei nach **Dipkarpaz** 4. Die Häuser des von den Griechen Risokárpaso genannten Dorfes liegen weit verstreut in einem grünen Hochtal, das Ortszentrum markieren ein alter Kirchturm und ein neues Minarett. Dipkarpaz war bis 1974 ein griechisch-zypriotisch geprägter Ort. Mehrere hundert seiner Bewohner blieben auch nach 1974. Dipkarpaz ist bis heute das einzige Dorf Nordzyperns mit einem orthodoxen Priester und sogar einer griechischsprachigen Grund- und Mittelschule. Treffpunkt der griechischen Zyprer ist das große Kafenío am Dorfplatz, in dem auch der Dorfpope oft anzutreffen ist.

4 km nördlich von Dipkarpaz ragt direkt am Meer ein Dutzend Palmen hoch auf, unter denen inmitten von Mittagsblumen die kleine Kirche **Ágios Fílon/Ayfilon** 5 auf den Grundmauern einer frühchristlichen Basilika steht. Zur Idylle des Ortes trägt auch die Taverne direkt am Meer bei, zu der vier einfache, sehr luftige Beach-Cabanas auf Küstenfels über einem etwa 40 m langen Feinsandstrand gehören. 300 m weiter westlich beginnt ein 600 m langer Sandstrand. Fährt man hingegen in Ufernähe 8 km weiter gen Osten, erreicht man in einsamster Landschaft mit schönen Dünenlandschaften und völlig einsamen Stränden die Ruinen der antik-frühchristlichen Stadt **Aféndrika**

6, von der vor allem noch drei Kirchenruinen zeugen.

Wilde Esel und Mini-Sahara

Die Hauptstraße führt von Dipkarpaz aus durch eine Reihe kleiner, grüner Hochtäler, in denen etwa 1000 verwilderte Eseln frei grasen. Sie stammen von den Tieren griechisch-zypriotischer Bauern ab, die diese bei der Flucht vor einmarschierenden türkischen Soldaten zurückgelassen hatten. Für die Bauern werden sie inzwischen zur Plage, weil sie die Getreidefelder abfressen. Auch Verkehrsunfälle haben sie schon verursacht.

Etwa 10 km hinter Dipkarpaz kommt dann zum ersten Mal Zyperns ausgedehntester Strand in Sicht, der auch Golden Sands genannte **Golden Beach** 7. Er ist über 5 km lang, bis zu 1 km breit, geht an seinen Rändern in Dünen über, setzt sich an den begrenzenden Hängen in Sandverwehungen fort. Kein einziges Wohnhaus, keine Ferienvilla und kein einziges Hotel steht hier, die wenigen Badegäste verlaufen sich in der Weite dieser Mini-Sahara. Nur an einigen wenigen Stellen stehen einfache Tavernen, an denen gegen Gebühr auch gezeltet werden darf. Einige bieten auch einfachste, manchmal sogar überhaupt nicht verschließbare Cabanas zur Übernachtung an. Nirgends spenden Bäume Schatten, werden Sonnenschirme vermietet. Hier finden Meeresschildkröten tatsächlich noch ein Refugium für ihre hochsommerliche Eiablage vor.

Das Wunder des Apostels

Nahe der äußersten Spitze der Karpass-Halbinsel erinnert das seit 1974 arg vernachlässigte **Kloster Ágios Apóstolos Andréas** 8 daran, dass der Apostel hier höchstpersönlich und noch zu Lebzeiten ein Wunder vollbrachte. Er reiste an Bord eines Schiffes, auf dem schon seit Tagen das Trinkwasser ausgegangen war. Der Kapitän erblindete vor Durst, die Besatzung verzweifelte. Da hieß sie der Apostel, an der Stelle des heutigen Klosters an Land zu gehen. Dort ließ Andreas einen Quell entspringen, der Kapitän erlangte sein Augenlicht wieder, die gesamte Besatzung ließ sich taufen. Auf der nächsten Reise legten sie hier eine Ikone nieder, die zur Keimzelle eines ersten Klosters wurde.

Bis 1974 war das Kloster der bedeutendste christliche Pilgerort auf der Insel. Dann war es bis 2003 für die griechischen Zyprioten nicht mehr erreichbar. Ein altes griechisch-zypriotisches Bauernehepaar kümmerte sich zusammen mit einem orthodoxen Priester um den heiligen Ort und hielt als Zeichen stillen Protests gegen die türkische Invasion auf dem Klosterhof einige ›unreine‹ Schweine. Türkisch-zypriotische Polizisten notierten das Kennzeichen eines jeden Autos, das dort hin kam.

Inzwischen ist rund um den architektonisch unbedeutenden und wenig schönen Bau ein Jahrmarkt entstanden, an dessen Ständen sowohl Lebensmittel als auch Kriegsspielzeug verkauft werden. Die alten Pilgerherbergen verfallen. Wirklich alt ist nur die kleine gotische Kapelle aus dem 15. Jh. über dem legendären Quell; die Klosterkirche selbst wurde erst 1867 geweiht. Inzwischen wird sie wieder von vielen griechischen Zyprern besucht, 2009 war gar erstmals wieder der Erzbischof Zyperns zu Besuch hier.

Vom Kloster sollte man unbedingt noch 1,3 km weiter in Richtung Spitze der Halbinsel fahren. Vom einfachen Restaurant dort ist der Blick entlang der Küste aufs Kloster versöhnlich schön, direkt unterhalb des Lokals bietet ein kleiner Sandstrand die Möglichkeit zu einem erfrischenden Bad.

Ein anderer Rückweg

Bis Dipkarpaz muss man dann die gleiche Straße zurückfahren, auf der man gekommen ist. Dann geht es auf der Straße Richtung Yeni Erenköy weiter zurück nach Boğaz.

Unterwegs lohnt als erstes die **Kapelle Ágios Thýrsos** 9 einen Stopp, die über einer Grotte direkt am Meer steht. In ihr entspringt eine heilige Quelle, deren Wasser Hautkrankheiten heilen soll. Interessanter als der Bau sind die vielen Stoff- und Papiertaschentücher, die hier in den Mauerritzen stecken. Sie sollen wie die Tücher an den zypriotischen Wunschbäumen die Gebete der Gläubigen dauerhaft unterstützen. 8,5 km hinter der Kapelle erreicht die Straße einen kilometerlangen, sehr breiten Sandstrand mit vielen, teils begrünten Dünen. Meist ist kein einziger Mensch an diesem Küstenabschnitt zu sehen.

Bald darauf folgt das große Dorf **Yeni Erenköy** 10, das Aigialoúsa der Griechen. Es war bis 1974 Zentrum der zypriotischen Tabakindustrie. Die großen Fabrikgebäude sind noch deutlich zu erkennen. Wer Zeit hat, nimmt hier am **Erenköy Halk Plaji** noch ein Bad: Felsen rahmen zwei kleine Sandbuchten ein, es gibt eine große Taverne und sogar die deutschsprachige Tauchschule **Mephisto Diving** 1.

Etwa 3 km westlich von Yeni Erenköy liegt im Binnenland das stille Dorf **Sipahi** 11. In einem Olivenhain am Ortsrand haben Archäologen die Bodenmosaiken der frühchristlichen Basilika Áyios Trías aus dem 6. Jh. freigelegt. Darunter ist auch die Darstellung von zwei Paar Sandalen – vielleicht ein Hinweis darauf, dass der Ort des heutigen Andréas-Klosters schon damals ein Pilgerziel war. Zu erkennen sind Reste eines Baptisteriums und die Fundamente des Bischofspalastes.

Essen und Trinken

Kemal'in Yeri 1: Boğaz, am Hafenplatz, Tel. 371 25 15, Fischgerichte ca. 10–17 €.

Manolyam 2: Dipkarpaz, Straße nach Ayfilon, Tel. 372 22 09, Hauptgerichte 9–10 €. Sükrü und Senay Göndermez pflegen die traditionelle Dorfküche. Zum ›Village Meal‹ gehören vier Vorspeisen und als Hauptgericht Schmorgemüse wahlweise mit Huhn, Ei oder vegetarisch. Im Sommer ist eine Dachterrasse mit Meerblick geöffnet.

Oasis at Ayfilon 3: Ayfilon, Tel. 38 68 55 91, www.oasishotelkarpas.com, Hauptgerichte ab 9 €.

Übernachten

Boğaz 1: Boğaz, an der Uferstraße, Tel. 39 23 71 25 59, www.bogazhotel.com, DZ Ü/F 40–50 €. Modernes Standardhotel mit 48 Zimmern, Pool und Hallenbad; Strand ca. 30 m entfernt auf der anderen Straßenseite.

Balci Plaza 2: Ágios Thýrsos, Tel. 53 38 62 93 03, www.balciplaza.com, DZ Ü/F 60 €. Schöne Anlage mit Restaurant und 12 Apartments direkt am Meer zwischen Gärten und Feldern, Eseln und Schafen. Familiäre Atmosphäre.

Karpaz Arch Houses 3: Dipkarpaz, Straße nach Ayfilon, Tel. 39 23 72 20 09, www.karpazarchhouses.com, DZ ab 35 €. 13 geräumige Zimmer in einer kleinen Anlage im traditionellen Dorfstil in landwirtschaftlich geprägter Umgebung am nördlichen Ortsrand.

Burhan's Place 4: Golden Beach, Tel. 53 38 64 10 51, www.burhansgoldenbeach.com, DZ ab 10 €. Hölzerne Cabanas und Mietzelte bei gleichnamiger Taverne, einfach und naturnah.

Tauchen

Mephisto Diving Marion Buchmüller 1: Hotel Club Malibu, Erenköy Halk Plajı, Tel. 53 38 67 37 74, www.mephisto-diving.com.

Umschrift

Auch ohne griechische Sprachkenntnisse kommt man heute im südlichen Teil Zyperns zurecht; die meisten Griechen sprechen zumindest Englisch. Hinweisschilder sind in der Regel auch in lateinischen Buchstaben abgefasst. Dennoch empfiehlt es sich, ein wenig Griechisch zu lernen; man kommt schneller zurecht und wird häufig auch freundlicher behandelt. Jedoch muss man auf die richtige Betonung achten, die durch den Akzent angegeben wird.

Das griechische Alphabet

		Aussprache	Umschrift
A	α	a	a
B	β	w	v, w
Γ	γ	j vor e und i, sonst g	g, gh, j, y
Δ	δ	wie engl. th in ›the‹	d, dh
E	ε	ä	e
Z	ζ	s wie in ›Sahne‹	z, s
H	η	i	i, e, h
Θ	ϑ	wie engl. th in ›thief‹	th
I	ι	i, wie j vor Vokal	i, j
K	κ	k	k
Λ	λ	l	l
M	μ	m	m
N	ν	n	n
Ξ	ξ	ks, nach m oder n weicher: gs	x, ks
O	o	o	o
Π	π	p	p
P	ρ	gerolltes r	r
Σ	σ	s wie in ›Tasse‹	ss, s
T	τ	t	t
Υ	υ	i	i, y
Φ	φ	f	f, ph
X	χ	ch	ch, h, kh
Ψ	ψ	ps	ps
Ω	ω	offenes o	o

Buchstabenkombinationen

AI	αι	ä	e
ΓΓ	γγ	ng wie in ›lang‹	ng, gg
EI	ει	i wie in ›lieb‹	i
EY	ευ	ef wie in ›heftig‹	ef, ev
ΜΠ	μπ	b im Anlaut, mb im Wort	B, mp, mb
NT	ντ	d im Anlaut, nd im Wort	D, nd, nt
OI	οι	i wie in ›Liebe‹	i
OY	ου	langes u	ou, u

Begrüßung und Höflichkeit

Guten Tag	kali méra
Guten Abend	kali spéra
Gute Nacht	kali níchta
Hallo, Tschüss (Du-Form/Sie-Form)	jassú/jassás
Auf Wiedersehen	adío (adíosas)
Gute Reise	kaló taxídi
Bitte	parakaló
Bitte sehr	oríste
Danke (vielmals)	efcharistó (polí)
Ja	ne (sprich: nä)
Jawohl	málista
Nein	óchi (sprich: órchi)
Nichts, keine Ursache	típota
Entschuldigung	signómi
Macht nichts	dhen pirási
In Ordnung, okay	endáxi

Reisen

Straße/Platz	odós/platía
Hafen	limáni
Schiff	karávi
Bahnhof/Busstation	stathmós
Bus	leoforío
Haltestelle	stásis
Flughafen	aerodrómio
Flugzeug	aeropláno
Fahrkarte	issitírio
Motorrad	motosiklétta
Fahrrad	podílato
Auto	aftokínito
rechts/links	deksjá/aristerá
geradeaus	efthían
hinter, zurück	píso
weit/nah	makría/kondá
heute/morgen	símera/ávrio
früh/spät	énoris/árja
geschlossen	klistó

Bank, Post

Bank/Bankautomat	trápesa/ATM
Quittung, Beleg	apódixi

Postamt	tachidromío	zwei Portionen	dío merídes
Briefmarken	grammatóssima	Speisekarte	katálogos

Arzt, Notfall

Arzt/Arztpraxis	jatrós/jatrío
Krankenhaus	nossokomío
Apotheke	farmakío
Hilfe!	voíthia
Polizei	astinomía
Unfall/Panne	atíchima/pánna

Adjektive

gut/schlecht	kalós/kakós
groß/klein	megálos/mikrós
neu/alt	néos/paljós
heiß/kalt	sestó/krío

Einkaufen

Kiosk	períptero
Laden	magasí
Bäckerei	foúrnos
Fleisch/Fisch	kréas/psári
Käse/Eier	tirí/avgá
mit/ohne	me/chorís
Milch/Zucker	gála/sáchari
Brot	psomí
Gemüse	lachaniká
Wasser	neró
– mit Kohlensäure	sóda
Bier	bíra (Pl. bíres)
Wein	krassí
eine Portion	mía merída

Zahlen

1 éna (m), mía (f)	40 saránda
2 dhío (sprich: sio)	50 pennínda
3 tría, trís	60 exínda
4 téssera, tésseris	70 evdomínda
5 pénde	80 októnda
6 éxi	90 enenínda
7 eftá	100 ekató
8 októ	200 diakósja
9 enéa	300 triakósja
10 déka (seka)	400 tetrakósja
11 éndeka	500 pendakósja
12 dodéka	600 exakósja
13 dekatría, usw.	700 eptakósja
20 íkossi	800 oktakósja
21 íkossi éna, usw.	900 enjakósja
30 tríanda	1000 chílja

Die wichtigsten Sätze

Allgemeines
Ich heiße … ! Me léne … !
Wie geht es dir? Ti kánis?
Geht's dir gut? Ísse kaló (m)/kalá (f)?
Sehr gut! Polí oréo!
Prost! Jámmas!
Ich verstehe nicht. Dhen katalava.
Woher kommst Du? Apo poú ísse?
Wie spät ist es? Ti óra íne?
Ich habe es eilig! Viássome!
Lass uns gehen! Páme
Zahlen bitte! Na plirósso, parakaló!

Unterwegs
Wo ist …? Poú íne …?
Wo fährt der Bus nach … ab? Poú févji to leoforío ja …?
Wann fährt er/sie/es? Póte févji?
Wann kommt er/sie/es an? Póte ftáni?
Ein Ticket nach …, bitte! Énna issitírio ja …, parakaló!

Wie viele Kilometer sind es bis …?
Póssa chiljómetra sto …?
Ich habe ein Zimmer reserviert. Krátissa énna domátio.

Notfall
Ich möchte telefonieren. Thélo ná tilefonísso.
Ich suche eine Apotheke. Thélo ná vró éna farmakío.
Wo ist die Toilette, bitte Pú íne i tualétta, parakaló?

Einkaufen
Was wünschen Sie? Tí thélete?
Bitte, ich möchte … Parakaló, thélo …
Kann ich … haben? Boró na écho … ?
Was kostet das? Pósso káni afto?
Ich nehme es! To pérno!
Das ist teuer! Íne akrivó!
Es gefällt mir (nicht). (Dhen) m'aréssi.

Kulinarisches Lexikon

Frühstück

avgá mátja	Spiegeleier
avgá me béikon	Eier mit Speck
voútiro	Butter
chimó portokáli	Orangensaft
giaoúrti (yaoúrti)	Joghurt
… me karídia	… mit Walnüssen
… me méli	… mit Honig
kafé me gála	Kaffee mit Milch
keik	Mürbteigplätzchen
louchániko	Wurst
marmeláda	Konfitüre
méli	Honig
psomí	Brot
psomáki	Brötchen
sambón	Schinken
tirí	Käse
tsái	Tee

Suppen

fassoláda	Bohnensuppe
kakavjá	Fischbrühe, dazu
(auch: psarósoupa)	ein Fisch nach Wahl
kreatósoupa	trübe Fleischbrühe
patsá	deftige Kuttelsuppe mit Innereien
tomatósoupa	Tomatensuppe

Salate und Pürees

angoúro saláta	Gurkensalat
choriátiki saláta	›Griechischer Salat‹
chórta saláta	Mangoldsalat
gígantes (jígandes)	große weiße Bohnen in Tomatensauce
láchano saláta	Krautsalat
maroúli saláta	Blattsalat
melindsáno saláta	Auberginenpaste
skordaliá	Kartoffelpaste mit Knoblauch
taramá	Fischrogen-Püree
tomáto saláta	Tomatensalat
tónno saláta	Tunfischsalat
tzatzíki (dsadsíki)	Joghurt mit Gurken und Knoblauch

Fisch und Meeresfrüchte

astakós	Languste
barboúnja	Rotbarbe
fángri	Zahnbrasse
garídes	Scampi
glóssa	Scholle oder Seezunge
kalamarákja	Calamares
ksifías	Schwertfisch
lavráki	Barsch
mídja	Muscheln
oktapódi	Krake
solomós	Lachs
soupjés	Sepia (Tintenfisch)
stríthja	Austern
tónos	Tunfisch
tsipoúra	Dorade (Goldbrasse)

Fleischgerichte

arnáki, arní	Lammfleisch
pansétta	Schweinerippchen
békri mezé	eine Art Gulasch mit Kartoffeln, scharf
biftéki	Frikadelle mit Käse
brizóla	Kotelett
chirinó	Schweinefleisch
gída	Ziege
gourounópoulo	Spanferkel
gouvarlákja	Hackfleischbällchen in Zitronensauce
giouvétsi (juvétsi)	Kalbfleisch mit Reisnudeln in Tomatensauce
katsíki	Zicklein
keftédes	Hackfleischbällchen in Tomatensauce
kokkinistó	Rindfleisch in Rotweinsauce
kokorétsi	Innereien, gegrillt
kotópoulo	Hühnchen
kounélli	Kaninchen
kreatópitta	Blätterteigtasche mit Fleischfüllung
loukaniká	Landwürstchen
makarónja me kimá	Spaghetti mit Hackfleischsoße
mialá	Hirn
mouskári	Rindfleisch
moussaká	Auberginenauflauf
païdákja	Lammkoteletts
papoutsákja	gefüllte Auberginen
pastítsjo	Nudelauflauf mit Hackfleisch

psitó	Braten	mílo	Apfel
sikóti	gebratene Leber	peppóni	Honigmelone
stifádo	Fleisch mit Zwiebeln in Tomaten-Zimt-Sauce	portokáli	Orange
		rodákino	Pfirsich
		síka	Feige
soutzoukákia (sudsukakja)	Hackfleischrollen in Tomatensauce mit Kreuzkümmel	staffília	Weintrauben
souvláki	Fleischspieß (Rind oder Schwein)		

Desserts

froútto saláta	Obstsalat
karidópitta	Walnusskuchen
loukoumádes	frittierte Hefeigbäll-chen mit Zuckersirup
milópitta	Apfelkuchen
pagotó	Eiscreme
revaní	Grießkuchen
risógalo	Reispudding
tirópitta	Blätterteig mit Käse

Gemüse

briam	Gemüseauflauf
bámjes	Okraschoten
eljés	Oliven
fakés	Linsen
fassólja	grüne Bohnen
gemistes (jemistés)	gefüllte Tomaten oder Paprikaschoten
kolokithákja	Zucchini
kounoupídi	Blumenkohl
láchano dolmádes	gefüllte Kohlblätter
melindsánes	Auberginen
spanáki	Spinat
tourloú	Gemüseeintopf
toursí	Mixed Pickles

Getränke

bíra	Bier
chimós	Saft
gála	Milch
kanelláda	Zimt-Limonade
kafés ellinikós	griechischer Kaffee
kafés fíltro	Filterkaffee
krassí	Wein
lemonáda	Limonade
neró	Wasser
portokaláda	Orangeade
soumáda	Mandelmilch
tsái	Tee
tsípouro	Tresterschnaps

Obst

achládi	Birne
fráules	Erdbeeren
karpoúsi	Wassermelone
kerássja	Kirschen
lemóni	Zitrone

Im Restaurant

Die Speisekarte, bitte.	To katálogo, parakaló	**Salz**	aláti
		Pfeffer	pipéri
Was empfehlen Sie?	Tí sistínete?	**Milch**	gála
Was wünschen Sie?	Tí thélete?	**Brot**	psomí
Ich möchte …!	Thélo …!	**Wasser**	neró
Eine Flasche Retsina, bitte	Éna boukáli retsína, parakaló	**Zucker**	záchari
		Tasse	flidzáni
Darf ich ein Glas Wasser haben ?	Boró ná écho éna potíri neró?	**Teelöffel**	koutaláki
		Löffel	koutáli
		Messer	machéri
Die Rechnung, bitte.	To logarjasmó, parakaló	**Gabel**	piroúni
		Glas	potíri
Guten Appetit!	Kalí orexí!	**Teller**	piátto
Prost!	Jammás!	**Zahnstocher**	odondoglifídes
Kellner/in	kírie (Herr), kiría (Dame)	**Serviette**	petsétta (serviétta = Damenbinde!)

Register

Register

Das Klima im Blick

atmosfair

Reisen bereichert und verbindet Menschen und Kulturen. Wer reist, erzeugt auch CO_2. Der Flugverkehr trägt mit einem Anteil von bis zu 10 % zur globalen Erwärmung bei. Wer das Klima schützen will, sollte sich für eine schonendere Reiseform (z. B. die Bahn) entscheiden – oder die Projekte von *atmosfair* unterstützen. *Atmosfair* ist eine gemeinnützige Klimaschutzorganisation. Die Idee: Flugpassagiere spenden einen kilometerabhängigen Beitrag für die von ihnen verursachten Emissionen und finanzieren damit Projekte in Entwicklungsländern, die dort den Ausstoß von Klimagasen verringern helfen. Dazu berechnet man mit dem Emissionsrechner auf *www.atmosfair.de*, wie viel CO_2 der Flug produziert und was es kostet, eine vergleichbare Menge Klimagase einzusparen (z. B. Berlin – London – Berlin 13 €). *Atmosfair* garantiert die sorgfältige Verwendung Ihres Beitrags. Klar – auch der DuMont Reiseverlag fliegt mit *atmosfair!*

**Unterwegs mit
Klaus Bötig**

Der Bremer Reisejournalist Klaus Bötig (Jahrgang 1948) kennt beide Teile Zyperns seit 1974 und ist seitdem jährlich für mehrere Wochen auf der Insel unterwegs. Er liebt Zyperns Landschaften und Menschen und bedauert die zunehmende Zersiedlung durch rücksichtslose Urbanisationen. Besonders schätzt er die heitere Gelassenheit der Zyprioten – und die Vielfalt der Inselküche. Außer für Zypern hat er Reiseführer für zahlreiche Ziele in ganz Griechenland verfasst. Aktuelle Reiseblogs des Autors finden Sie unter www.klausboetig.de.

Abbildungsnachweis

Christiane Bötig, Bremen: S. 120
Klaus Bötig, Bremen: S. 14
DuMont Bildarchiv, Ostfildern: Umschlagklappe vorn, S. 28/29, 95, 99, 101, 105 (Richter)
laif, Köln: S. 108 (Amme); 36 (CPP/Polaris/Giuliani); 72 (hemis.fr/Boisvieux); 75 (hemis.fr/Guiziou); 67, Umschlagrückseite (hemis.fr/Hervé); 69 (hemis.fr/Pérousse); 86/87 (Heuer); 9 (Hoa Qui); 65 (IML/ Drazos); 61 (IML/Kouri); 7 (IML/Spyropoulos); 89 (Monde/Rabouan-Fiori); 54/55 (Mueller); 13, 78 (Raach); 39 (RAPHO/Luider); 32 (REA/Guittot); 4/5, 57 (Standl); 81 (Steinhilber); 31, 42, 45, 91 (Zanettini)
LOOK, München: Titelbild (age fotostock)
Mauritius Images, Mittenwald: S. 17 (FreshFood); 51 (Probst)

Kartografie: DuMont Reisekartografie, Fürstenfeldbruck
© DuMont Reiseverlag, Ostfildern

Umschlagfotos

Titelbild: Tavli-Spieler im Bergdorf Lefkára
Umschlagklappe vorn: Badestrand bei Aya Nápa

Hinweis: Autor und Verlag haben alle Informationen mit größtmöglicher Sorgfalt geprüft. Gleichwohl sind Fehler nicht vollständig auszuschließen. Alle Angaben erfolgen ohne Gewähr. Bitte, schreiben Sie uns! Über Ihre Rückmeldung zum Buch und Verbesserungsvorschläge freuen sich Autor und Verlag:
DuMont Reiseverlag, Postfach 3151, 73751 Ostfildern,
info@dumontreise.de, www.dumontreise.de

1. Auflage 2011
© DuMont Reiseverlag, Ostfildern
Alle Rechte vorbehalten
Redaktion/Lektorat: Hans E. Latzke
Grafisches Konzept: Groschwitz/Blachnierek, Hamburg
Printed in Germany